Ute Bauer

300 preguntas
sobre rosas

➤ Consejos prácticos para los amantes de las rosas
➤ Información condensada de la A a la Z

Índice

■ Introducción a la botánica y a la jardinería **?**

Las claves para conocer las rosas ?

3

Índice

Dónde y cómo plantar los rosales ?

Consejos de experto ?

Índice

Rosales sanos

Anexo

Introducción a la botánica y a la jardinería

Para desenvolverse mejor en el fascinante mundo de las rosas, resulta de gran ayuda poseer nociones básicas de jardinería y de botánica. Estos conocimientos le permitirán descubrir detalles interesantes y sorprendentes.

1. **Aceite de rosas:** ¿Qué rosas se utilizan habitualmente para la obtención del aceite de rosas?

Puesto que para la producción de aceite de rosas la materia prima son los aceites esenciales, portadores de las sustancias aromáticas (→ página 33), que se encuentran en los pétalos en su mayor concentración, se utilizan las variedades de fragancia intensa. La más usada para la elaboración de aceite de rosas es la *Rosa damascena* 'Trigintipetala', aunque también se aplican otras variedades de rosas damascenas y de centifolias.

En Francia se sigue utilizando, igual que antaño, la *Rosa gallica* 'Officinalis' para la elaboración de aceite de rosas.

2. **Aceite de rosas. Elaboración:** ¿Cómo se elabora el aceite de rosas y por qué es tan caro?

El aceite de rosas se elabora mediante la destilación de pétalos de rosa frescos. Para ello se exponen las flores a vapor caliente de agua con el fin de extraer los aceites esenciales volátiles. El vapor ascendente se recoge, se enfría y se condensa en unos recipientes especiales. Sobre el agua condensada (→ agua de rosas) flota el aceite esencial, que es más ligero, y se recupera. Puesto que se requiere una cantidad enorme de

CONSEJO EXTRA

Elaborar agua de rosas
Coseche, a ser posible por la mañana, dos o tres manojos de flores frescas no fumigadas de variedades de intenso aroma. Desprenda los pétalos y eche por encima medio litro de agua ligeramente caliente. Deje reposar durante dos días a temperatura ambiente. A continuación, cuele el líquido y viértalo sobre otros dos manojos de pétalos frescos. Tras otros dos días, vuelva a colarlo y consérvelo en recipientes esterilizados. Ya tiene agua de rosas lista para usar.

flores para la producción de aceite de rosas –para obtener un kilogramo de aceite de rosas se necesita unos 3000 kilogramos de flores frescas–, el aceite de rosas puro sigue siendo un lujo y su precio es elevado. Una alternativa más económica es el aceite de rosas elaborado con variedades de geranio. Estas plantas, al igual que el aceite de rosa, contienen la sustancia aromática geraniol, de aroma similar al de las rosas.

3. **Agua de rosas: ¿Es cierto que el agua de rosas es un producto de desecho de la elaboración del aceite de rosas?**

Es cierto. El agua de rosas se obtiene como producto secundario al destilar las flores para obtener el aceite de rosas. Cuando se separa el aceite de rosas, queda el agua de rosas. Para aromatizar en la cocina puede elaborar usted mismo un poco de agua de rosas de forma muy sencilla y sin mucho coste (→ consejo extra página 10).

4. **Acodos: He oído decir que se pueden multiplicar muchas plantas leñosas mediante acodos. ¿Qué son exactamente los acodos? ¿Este método también funciona con los rosales?**

Se denomina acodo a un tallo que se arquea y se lleva hasta el suelo pero dejando que la punta mire hacia arriba. En la posición inferior se fija al suelo, donde enraizará al cabo de un tiempo. Entonces se separará de la planta madre y este retoño se podrá plantar en otro lugar. Este tipo de multiplicación funciona en todos los tipos de rosales de los que, de forma natural, crecen tallos largos, colgantes y elásticos, es decir, en rosales tapizantes, trepadores, muchos tipos de rosales antiguos, así como también algunos rosales arbustivos modernos. Entre los rosales tapizantes se encuentran variedades cuyos tallos enraízan cuando entran en contacto con el suelo incluso sin «ayuda externa». En los demás casos se elige, a finales de otoño o en primavera, un tallo largo joven, pero que ya sea leñoso, y se dobla hasta el suelo (→ página 139).

5. **Aguijones: He oído decir que las rosas no tienen espinas sino aguijones. ¿Es eso cierto?**

Sí, desde el punto de vista botánico, los rosales forman aguijones y no espinas, a pesar de que en la poesía y la prosa literaria siempre se mencionen las espinas de las rosas.

➤ Los aguijones se desarrollan a partir de los tejidos de la corteza. Es decir, solo están asentados sobre el tallo y por ello resultan fáciles de desprender. Pueden tener formas muy diferentes (→ fotos abajo). La cantidad de aguijones puede ser muy variable.

➤ Las espinas (→ página 20) provienen del cuerpo leñoso, dentro del cual están ancladas.

Los tallos de la Rosa spinosissima están cubiertos de aguijones de forma muy densa e irregular. **1**

Los aguijones duros, rojos y triangulares son distintivos de la Rosa sericea f. pteracantha. **2**

La variedad de Rosa rugosa 'Abelzieds' desarrolla aguijones de color verde hierba densamente dispuestos. **3**

6. **Azulado:** He leído que algunas variedades de rosas tienden al azulado. ¿Eso qué significa?

Las rosas que florecen de color rojo cambian de color a medida que se van marchitando, pasando a tonos violeta pálido. Este proceso se denomina azulado.

7. **Beneficio para el entorno:** ¿Son los rosales paisajísticos beneficiosos para su entorno? Por ejemplo, ¿aportan alimento a los animales habituales de la zona?

Las variedades de rosal con flores productoras de gran cantidad de polen gozarán de una masiva afluencia de abejas, abejorros y otros insectos. Especialmente atractivas como fuente de alimento resultan las rosas silvestres con sus flores simples abiertas en forma de cuenco que contienen numerosos estambres de fácil acceso. Hay estudios que demuestran que las rosas silvestres reciben la visita de insectos de hasta 103 especies diferentes. Los escaramujos aportan un alimento rico en vitaminas a muchos pájaros hasta entrado el invierno. Y, además, el frondoso porte de los setos formados por rosales, así como los rosales cubridores de suelo, ofrecen cobijo seguro a pájaros y a pequeños animales, como los erizos.

8. **Botón:** Al leer artículos sobre rosas en las revistas de jardinería siempre me encuentro con el concepto *botón.* ¿Qué significa realmente?

Se denomina *botones* a las yemas (brotes embrionarios) que se disponen a lo largo de los tallos. Suelen estar en las axilas foliares. En los tallos sin hojas se reconocen porque allí se forma un leve engrosamiento. A partir de ellos pueden crecer nuevos tallos que aumentarán la ramificación de la planta. Las yemas durmientes son aquellas yemas secundarias apenas perceptibles. Al realizar una poda de rebaje importante de la planta puede que se animen a brotar y confieran al arbusto una nueva forma.

9. Botones florales:

Quiero podar mis rosales pero no quiero estropear los botones. ¿Dónde forman los rosales los botones?

Tendrá que diferenciar entre las variedades de floración única (→ página 26) o las reflorescientes (→ página 23).

➤ Los **rosales de floración única** solo florecen en los tallos cortos que se desarrollan a partir de las yemas de la madera del año anterior. Por eso este grupo requiere una poda en primavera para que no se pierda una gran cantidad de tallos que puedan dar flor.

➤ Los **rosales de floración recurrente**, sin embargo, son capaces de producir yemas florales también en los tallos que han ido creciendo a lo largo de la temporada estival. Cuantos más tallos se hayan desarrollado en ese año más frondosa será la floración. Una poda de rebaje regular en primavera puede conseguir que la planta rebrote de forma vigorosa.

Antes de brotar se reconoce un botón por el ligero engrosamiento en el tallo deshojado.

10. Crecimiento vigoroso: ¿El apelativo *vigoroso* hace referencia a la altura o a la fuerza con la que crece la planta?

Se consideran rosales de crecimiento vigoroso (o cualquier planta leñosa de crecimiento vigoroso) a aquellas que muestran especial vitalidad, es decir, que forman fuertes tallos.

Tienen muchos tallos, se ramifican abundantemente y alcanzan una altura notable. Sin embargo, a este concepto no va ligado un baremo concreto, puesto que hay variedades de crecimiento vigoroso en todas las formas de crecimiento (→ página 28). Una rosa tapizante de creci-

miento vigoroso seguirá siendo menor que una rosa arbustiva de crecimiento vigoroso o una rosa sarmentosa
de crecimiento vigoroso. Este concepto sirve simplemente para establecer comparaciones dentro de un mismo
grupo.

11. Cultivares: **¿Cómo se obtiene una variedad
nueva de rosal y cuánto tiempo requiere
este proceso?**

A pesar de todos los avances en el campo de la genética, la
obtención de una variedad nueva de rosal sigue siendo una
cuestión que depende sobre todo de realizar muchas pruebas y cometer muchos errores (→ herencia genética, página 48). Desde hace milenios, el rosal decora nuestros jardines, se ha seleccionado y mutado una y otra vez, ha estado
sometido a hibridaciones naturales y desde hace doscientos
años se cultiva seleccionado de forma intensiva.
Los rosales modernos son hibridaciones de alta complejidad que proceden de una larga serie de generaciones en las
que se ha combinado material genético de lo más variado.
Resulta muy difícil predecir el resultado de una nueva combinación de diferentes variedades de progenitores. Los obtentores de rosales que han conseguido buenos resultados
llevan a cabo anualmente miles de hibridaciones con la esperanza de que alguno de los ejemplares nuevos tenga unos
rasgos distintivos que le hagan merecedor de convertirse en
una nueva variedad.
El proceso para obtener una nueva variedad sigue los siguientes pasos:
➤ En la fase de planificación, el obtentor elige los dos individuos que desea combinar, cuyos rasgos le interesa que
herede la planta nueva.
➤ En verano se realiza la polinización en gran número de
ejemplares. Se eliminan los pétalos y los estambres de la
variedad madre para evitar la autopolinización. En la variedad padre se escinden los estambres maduros, se guar-
dan y se dejan secar. Con el polen se poliniza la variedad
madre.

➤ Con una bolsita de papel se evita que la flor polinizada sea fecundada de nuevo de forma no deseada. Dentro de esa bolsita crecerán –si la polinización ha dado buen resultado– los frutos (escaramujos).

➤ En otoño se cosechan los escaramujos maduros, se extraen las semillas y se siembran (→ página 182).

➤ Un año después, las primeras plantas jóvenes portarán flores. A partir de este momento empieza la selección (→ página 46).

Los ejemplares prometedores se vuelven a multiplicar y se siguen observando las plantas resultantes.

➤ Antes de su introducción en el mercado, una nueva variedad debe haberse producido en cantidades grandes.

➤ La venta de una novedad en el comercio especializado no se realiza hasta haber pasado al menos ocho años tras el primer ensayo de hibridación, por eso no es de extrañar que una nueva variedad no resulte muy barata.

12. Edad: **Hemos adquirido un jardín con rosales bastante viejos y nos preguntamos qué edad tendrán.**

Los rosales son arbustos que pueden vivir sin problemas durante varias decenas de años, y hay rosales que tienen 60 años. Se ha demostrado que el «rosal milenario» de la catedral de Hildesheim, en Alemania, tiene más de 430 años. Aunque la planta se destruyó durante la Segunda Guerra Mundial quedando tan solo un muñón carbonizado, volvió a brotar de las raíces. Sin embargo, los rosales paisajísticos no suelen tener raíces propias, pues están injertados (→ página 37). Su esperanza de vida depende, en primer lugar, de un correcto emplazamiento y unos cuidados adecuados, sobre todo de una poda regular (→ página 166 y siguientes). Si se deja que crezca a su voluntad durante años, es posible que envejezca demasiado. Se suelen quedar sin hojas en la base, sus tallos son muy leñosos y nudosos y además disminuye la intensidad de la floración. Sin embargo, esto puede resolverse mediante una poda rejuvenecedora (→ página 167).

Los rosales injertados vuelven a brotar de las yemas que estaban dormidas (→ página 13) y de la base de los tallos brotan nuevos tallos. En los rosales modernos de porte bajo se observa normalmente una clara disminución de la vitalidad pasados 15-20 años.

13. **Escaramujos: Nuestro rosal florece cada verano profusamente. Sin embargo, en otoño tiene pocos escaramujos y a veces ninguno. ¿A qué se debe?**

No todas las variedades de rosas son capaces de desarrollar escaramujos del mismo modo. Los mayores portadores de escaramujos son los rosales silvestres, pero también llevan escaramujos numerosos rosales tapizantes y arbustivos.

Muchas variedades de rosas dobles muy llenas, como por ejemplo las centifolias (→ página 66), con frecuencia no son capaces de portar frutos puesto que la densidad de sus flores se debe a una modificación de sus estambres y pétalos. Ade-

1

La Rosa sericea f. pteracantha desarrolla decorativos escaramujos de dos colores.

2

Estos escaramujos poco comunes con cáscara verde y aguijones son los frutos de la Rosa roxburghii.

más, entre los rosales de macizo, los rosales híbridos de té y los rosales trepadores de flor doble hay bastantes autoestériles y no forman escaramujos.

14. Escaramujos. Aprovechamiento: ¿Cuál es la mejor manera de aprovechar los escaramujos?

Coseche los frutos cuando hayan madurado completamente, es decir, cuando tengan buen color pero sigan prietos y crujientes. Puede aprovechar los frutos enteros, solo las semillas o solo la pulpa jugosa.

➤ Cortados por la mitad y secos, los frutos enteros, así como solo las semillas, ofrecen una infusión muy apreciada con sabor a vainilla que se toma cuando se padece un enfriamiento.

➤ Los escaramujos frescos se utilizan para elaborar mermelada, compota, salsas, gelatina, vino, zumo y licor. Puede separar las semillas para secarlas y utilizarlas en infusión o hervir la fruta limpia y partida en dos durante aproximadamente media hora a fuego lento y pasarla a continuación por un colador para que se filtre la cáscara, las semillas y los pelillos de modo que pueda seguir transformando la pulpa.

15. Escaramujos. Comer: ¿Se pueden comer todos los escaramujos? ¿Qué rosales llevan los mejores frutos?

En principio, todos los escaramujos son comestibles, pero se diferencian notablemente en su tama-

---

CONSEJO EXTRA

Contenido de vitamina C en los escaramujos
Los escaramujos suponen una excelente fuente de vitamina C. Los limones contienen por cada 100 gramos de sustancia fresca unos 60-100 mg de vitamina C. Los escaramujos, dependiendo de la especie de rosa, contienen 1000-2000 miligramos. Además, contienen vitamina K y vitamina P así como provitamina A y numerosos minerales valiosos como potasio, calcio, magnesio y hierro.

ño, en la cantidad de pulpa que tienen y en el contenido de vitaminas.

Podrá cosechar frutos sustanciosos, por ejemplo, de la *Rosa rugosa*. Forma escaramujos relativamente grandes con mucha pulpa. Se ha comercializado bajo el nombre de variedad 'Pi-Ro 3' un cultivar de rosa vitamínica procedente de Pillnitz (Alemania) que destaca también por una gran cantidad de frutos de pulpa carnosa así como un elevado contenido en vitamina C y otros componentes de alto valor nutricional (→ Consejo Extra).

16. Escaramujos. Frutos: ¿Por qué en algunos rosales crecen escaramujos rojos y en otros negros, que además también difieren notablemente en la forma?

La forma y el color de los escaramujos (→ fotos página 17) dependen simplemente de la especie o variedad de rosal, del mismo modo que hay manzanas rojas y verdes dependiendo de la variedad del manzano. Es cierto que hay escaramujos del tamaño de un guisante ('The Garland') y del de una castaña, como el de la *Rosa roxburghii,* alargados en forma de pera, como los de la *Rosa moyesii,* o esféricos, como los de la *Rosa spinosissima.*

En cuanto a los colores, predominan los tonos rojizos en toda su gama, desde el naranja amarillento pasando por el rojo escarlata hasta el rojo oscuro. Además, también existen escaramujos de tonos marrones, negros e incluso verdes. Por un lado, los hay que brillan como si los acabaran de pulir, mientras que otros llevan cerdas o incluso aguijones. En cualquier caso, suponen un decorativo adorno otoñal.

Desde el punto de vista botánico, los escaramujos son frutos múltiples o pomosos. Están formados por una envoltura carnosa que recoge varias semillas. La cantidad de semillas dependerá nuevamente de la especie y la variedad. El espectro comprende desde unas pocas hasta casi cien.

17. Espinas: Según el dicho, «no hay rosa sin espinas» y, sin embargo, dicen que las rosas no tienen espinas sino aguijones. ¿Es eso cierto?

Aunque no nos guste contradecir el dicho, lo cierto es que, desde el punto de vista botánico, las rosas en realidad llevan aguijones y no espinas.

➤ Las **espinas** crecen directamente de la parte leñosa del tallo y se forman por la transformación de hojas, o parte de las hojas, o el tallo. No pueden quitarse fácilmente. Espinas son las que llevan el agracejo y los cactus.

➤ Los **aguijones** (estípulas) se forman exclusivamente a partir del tejido de la corteza. Se encuentran dispuestos sobre el tallo leñoso y pueden quitarse apretando lateralmente sin dañar severamente la corteza (→ fotos página 12).

18. Espinas. Rosales sin: Me gustaría plantar rosales aunque tenemos niños pequeños en casa. ¿Existen especies sin espinas?

Casi todas las especies de rosas silvestres tienen aguijones. Las únicas excepciones son las especies trepadoras *Rosa wichuriana* y *Rosa banksiae*, así como la *Rosa pendulina*. De la *Rosa multiflora* también hay variedades sin aguijones que se utilizan a veces como patrón. La *Rosa lutea*, que es de color amarillo, tiene muy pocos aguijones. Pero, lo cierto es que estas especies silvestres no se utilizan con frecuencia en jardines y esta característica que las diferencia se ha perdido rápidamente en su descendencia tras múltiples cruces, de modo que casi todas las especies actuales llevan aguijones. Entre las variedades sin aguijones que se comercializan en la actualidad están: 'Zéphirine Drouhin' (trepadora, flor rosa carmín), 'Kathleen Harrop' (trepadora, flor rosa claro) y 'Lykkefund' (sarmentosa, flor blanca). Apenas llevan aguijones, por ejemplo: 'Mme Legras de St. Germain' (arbustiva, flor blanca), 'Ulrich Brunner Fils'(arbustiva, flor roja), 'Ghislaine de Féligonde' (trepadora, flor amarilla) y 'Maria Lisa' (trepadora, flor rosa).

19. Estambres: Algunas rosas tienen estambres claramente visibles mientras que otras variedades ni siquiera tienen estambres. ¿A qué se debe?

Eso depende del tipo de flor. En las flores de los rosales silvestres y de todas aquellas variedades con flores simples (→ foto 1, página 29), los estambres destacan de forma clara en el centro de la flor formando una corona amarilla. También las flores semidobles tienen estambres bien visibles. Sin embargo, las flores dobles rara vez dejan ver los estambres o solo lo hacen tras haberse marchitado, como es el caso, por ejemplo, de muchas rosas de híbridos de té. Las flores muy llenas de los rosales antiguos o los rosales ingleses se deben a una modificación de los estambres, que se han convertido en pétalos, de modo que quedan pocos estambres y suelen estar escondidos dentro de la densa flor.

20. Estolones: ¿Qué son los estolones y qué tipos de rosales los suelen formar?

Algunas plantas tienden a propagarse subterráneamente. De sus rizomas crecen largos tallos que van abriéndose camino bajo tierra en horizontal cerca de la superficie del suelo, desde donde envían un brote a la luz que luego enraíza. Estos estolones pueden extraerse de la tierra en primavera con la ayuda de la pala y luego se trasplanta el nuevo ejemplar en otro lugar (→ reproducción, página 42).
Puesto que la mayoría de los rosales están injertados (→ página 37), la multiplicación mediante estolones es secundaria en el cultivo del rosal; sin embargo, sí se pueden multiplicar mediante estolones ciertas especies de rosales silvestres como *Rosa rugosa*, *Rosa spinosissima*, *Rosa rubiginosa*, *Rosa nítida*, *Rosa moyesii* o *Rosa gallica*. También se suelen multiplicar de esta manera los rosales tapizantes (→ página 81) que con frecuencia se usan para el ajardinamiento de las zonas verdes públicas. Al dejar crecer los estolones de la raíz (→ página 45), se obtiene un denso tapiz vegetal con mayor rapidez.

21. Floración continuada: Algunos rosales son recomendados por ser de floración continuada. ¿Es eso cierto?

Es cierto que entre los rosales que reflorecen (→ página 23) hay variedades de las que brotan flores de forma continuada, al menos flores solitarias. En particular, entre los rosales tapizantes de floración tardía hay variedades que, tras la floración principal, ofrecen una floración relativamente intensa sin interrupción, aunque no ofrecen su colorida belleza hasta julio. Para ser exactos, también estos rosales deben denominarse de floración recurrente.

22. Floración. Época: En los catálogos de rosas no suele incluirse la época de floración en la descripción de una variedad. ¿Cómo puedo saber cuándo y durante cuánto tiempo florece una variedad de rosa?

La época de floración principal de todas las variedades es en los meses de junio y julio. La excepción son algunas variedades tempranas (→ rosas de primavera, página 70), que florecen ya en mayo, y las escasas variedades tardías, sobre todo entre las cubridoras, que no empiezan a florecer hasta julio. Las plantas de floración única ofrecen todo su esplendor únicamente durante el periodo de floración principal.

Las descripciones de las variedades en los catálogos suelen diferenciar además entre variedades de floración recurrente y continua. Las variedades de floración recurrente ofrecen una segunda floración en otoño mientras que las de floración continua pueden estar abriendo flores de forma más o menos ininterrumpida, aunque algo escasa durante ciertos periodos.

El momento exacto de inicio y finalización de la floración depende también del clima de la región en la que se vive (la floración es anterior en las zonas cálidas y tarda más en llegar en las zonas frías de alta montaña), así como del microclima que hay en el emplazamiento elegido para la planta (si se cultiva en un patio resguardado se desarrollará antes que si está en un lugar frío donde dé mucho el viento). Otro factor son las condiciones meteorológicas, es decir, el tiempo que hace durante un año en concreto. En definitiva, la época de floración de un rosal puede variar con un margen de hasta tres semanas.

23. **Floración recurrente: ¿Qué significa la floración recurrente? ¿Cuántas veces pueden florecer estas variedades de rosas?**

Las variedades de rosas de floración recurrente tienen la capacidad de florecer varias veces más tras su época principal de floración, en junio o julio, con frecuencia hasta la llegada de las primeras heladas.

Esta capacidad se la deben al hecho de que también pueden formar flores en los tallos nacidos en ese mismo año. Entre las diferentes fases de floración puede haber otras de descanso de mayor o menor duración, dependiendo de la variedad.

Hay incluso variedades, sobre todo entre las rosas cubridoras de suelo, que florecen casi ininterrumpidamente, si bien con distinta intensidad.

24. **Floración. Ritmo: He oído decir que hay que combinar los rosales con plantas vivaces de acuerdo con el ritmo de floración de las rosas. ¿Qué se entiende por el ritmo de floración?**

Dentro de la inmensa gama de variedades de rosales, hallamos diferentes tipos de floración dependiendo de la descendencia del rosal.

Por un lado, los rosales silvestres y muchos tipos de rosales antiguos (→ página 63) solo florecen, al igual que todos los demás arbustos, una vez al año, generalmente en junio o julio, pero también hay variedades de rosal que florecen con mayor frecuencia. Después de la floración

ROSALES ANTIGUOS

'CELSIANA'
Esta Rosa damascena despliega una vez al año flores aterciopeladas con aroma similar al almizcle. Alcanza 150 cm de altura y 120 cm de anchura.

'CHARLES DE MILLS'
Es una variedad de Rosa gallica, oscura y fragante. Florece una vez al año, pero de forma profusa. De porte colgante, alcanza 130 cm de altura y lo mismo de anchura.

'FANTIN LATOUR'
Variedad de Rosa centifolia de floración única que emana un aroma suave. Alcanza 150-200 cm de altura y hasta 150 de anchura.

'ISPAHAN'
Rosa damascena que emana la fragancia de *Las mil y una noches*. Es de floración única y alcanza 130-160 cm de altura.

'LOUISE ODIER'
Este rosal Bourboniano de flores de fragancia arrebatadora pertenece a las variedades de floración recurrente. Llega a medir 150-200 cm de altura y 90 cm de anchura.

'MUSCOSA'
Variedad de Rosa musgosa por lo que aúna un aroma dulce de centifolia con una nota especiada de resina. Alcanza 150-200 cm de altura y unos 120 de anchura.

'ROSE DE RESHT'
Variedad de Rosa damascena de floración recurrente y aroma embriagador. Es relativamente pequeña, mide 80-100 cm de altura y 100 cm de ancho.

ROSALES INGLESES

'ABRAHAM DARBY'
Rosal con flores de color melocotón, un color muy preciado y aroma intensamente afrutado con una nota acre. Alcanza una altura considerable, 150-200 cm, y 150 cm de ancho.

'CONSTANCE SPRY'
Rosa trepadora de floración única que tiene flores similares a la peonía y huele a mirra.
Alcanza de 200 a 300 cm de altura y hasta 200 cm de anchura.

'GERTRUDE JEKYLL'
Esta variedad emana un aroma a rosa indescriptible. El arbusto alcanza una altura de 130-150 cm y unos 100 cm de anchura, y sus brotes son rojizos.

'GOLDEN CELEBRATION'
Variedad que huele en un primer momento a rosa de té y posteriormente a vino dulce y fresas. Alcanza unos 120 cm de altura y 120 de anchura.

'HERITAGE'
Las flores de tono delicado de este rosal remontan y huelen a fruta, miel y claveles. Esta variedad alcanza unos 120 cm de altura y 120 de anchura.

'WILLIAM SHAKESPEARE 2000'
El color de esta variedad fragante es espectacular. El arbusto alcanza 100-120 cm de altura y es bastante estrecho, pues solo alcanza 75 cm de anchura.

'WINCHESTER CATHEDRAL'
Una de las pocas rosas inglesas de color blanco. Su suave aroma recuerda a la flor del almendro y a la miel. Alcanza unos 120 cm de alto y 120 de ancho.

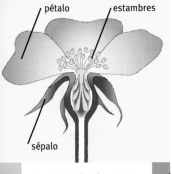

pétalo · estambres

sépalo

Una rosa simple consta de cinco pétalos, cinco sépalos y muchos estambres.

principal vuelven a brotar nuevas flores con una intensidad de la floración variable hasta que llegan las primeras heladas.

Entre las variedades de una sola floración (→ debajo) y las de floración más o menos continuada (→ página 22), hay transiciones fluidas. Los rosales remontantes, que florecen dos veces por temporada (→ página 42), descansan en verano para volver a florecer en otoño, por lo general con menor intensidad.

25. Floración única: Parece ser que «rosales de floración única» es una expresión técnica. ¿Qué significa exactamente?

El ritmo de floración (→ página 23) de las diferentes variedades de rosal se diferencia mucho en algunos casos. Se dice que un rosal es de floración única cuando la planta florece una vez al año, generalmente en junio o julio, durante varias semanas y posteriormente ya no lo hace. Esto ocurre sobre todo en el caso de los rosales silvestres, que en otoño se llenan de decorativos escaramujos (los frutos del rosal); del mismo modo florecen los rosales antiguos, la mayoría de los rosales sarmentosos (→ página 81) y los rosales de parque (→ página 69). Esta diferenciación ha resultado necesaria en el caso de los rosales porque también hay variedades que florecen de forma recurrente (→ página 23).

26. Flor cuarteada: ¿Qué debo entender por una flor cuarteada?

Cuando se habla de flores cuarteadas (→ foto 5, página 29), se hace referencia a las flores dobles muy llenas cuyos pétalos están dispuestos de modo que en el centro de la flor se observa una disposición simétrica formada por cuatro partes. Debido a la densidad de pétalos no se reconocen los estambres. Esta flor tiene una forma achatada o plana. Las flores partidas se encuentran sobre todo entre las rosas antiguas, lo que les confiere un aire nostálgico. Actualmente se han vuelto a cultivar muchas de estas variedades románticas de flor densa.

27. Flor del rosal: Hay muchas formas diferentes de rosa. ¿Cuál es la estructura de una rosa considerada normal?

Aunque parezcan muy distintas, las flores del rosal parten todas de una misma forma. Esta «flor original» (→ dibujo, página anterior) tiene cinco pétalos y cinco sépalos. En el centro de esta flor simple se encuentra una corona de dorados estambres.
Todas los rosales silvestres tienen flores de este tipo, y también muchos rosales sarmentosos, cubridores y arbustivos. Sin embargo, la mayoría de las variedades de rosales actuales tienen flores más o menos llenas, que se han desarrollado a lo largo de los siglos (→ formas de las flores, páginas 28-30).

28. Flor doble: ¿Cuántos pétalos tienen las variedades de rosas que se consideran de flor doble?

Para que una variedad se considere de flor doble debe tener al menos 20 pétalos por flor (→ foto 3, página 29). Muchos rosales forman flores con el doble de pétalos y más, entonces se llaman flores dobles llenas o muy llenas.

29. Flor doble muy llena: En las descripciones de las variedades aparece frecuentemente el concepto «flor doble muy llena». ¿Qué significa esto?

Dependiendo de la variedad del rosal, la flor tendrá diferente número de pétalos. Si una cabeza floral tiene 40 o más pétalos, la rosa se denomina «flor doble muy llena». Algunos rosales antiguos tienen flores con hasta 100 pétalos (→ centifolias, página 66 y la foto 4), pero estas casi no tienen estambres y por lo tanto no pueden fructificar. La disposición de los pétalos puede variar mucho (→ formas de las flores, página siguiente).

Las variedades de flor doble muy llena tienen muchos adeptos debido a su aire romántico.

30. Flor semidoble: ¿Cómo es una flor semidoble?

El calificativo *semidoble* se aplica a aquellas rosas que se componen de 10-20 pétalos (→ foto 2). En el centro de la flor pueden verse claramente los estambres amarillos.

31. Flor simple: En las descripciones de las variedades me topo una y otra vez con el concepto «flor simple». ¿Qué quiere decir exactamente?

La rosa de flor simple (→ foto 1) es –por decirlo de alguna manera– la forma original de la flor de la rosa (→ página 26), tal como se conoce de las rosas silvestres. Se compone de cinco pétalos y cinco sépalos. En el centro se encuentran de forma bien visible los estambres amarillos. En los cultivares actualmente se considera flor simple a la que tiene hasta nueve pétalos.

32. Formas de crecimiento: ¿Cómo se ha producido la categorización de los rosales según su forma de crecimiento?

Los rosales son plantas leñosas y todas las formas de rosales silvestres europeos son arbustos de crecimiento bastante vigoroso. Esta herencia sigue siendo visible en el caso de los rosales que se denominan antiguos. Actualmente se integran todos estos en el grupo de los rosales arbustivos (→ página 64).

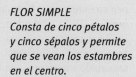

1 FLOR SIMPLE
Consta de cinco pétalos
y cinco sépalos y permite
que se vean los estambres
en el centro.

2 FLOR SEMIDOBLE
Cuando la flor tiene entre
10 y 20 pétalos es semidoble.
Todavía sobresalen
visiblemente los estambres.

3 ROSA DOBLE
Las flores dobles tienen más
de 20 pétalos. Esta es una
típica rosa de Híbrido de té,
de porte erguido y alto
('Ingrid Bergmann').

4 ROSETA DOBLE MUY LLENA
Este tipo de flor tiene forma
achatada y sus pétalos están
desplazados y dispuestos en
círculos concéntricos.

**5 FLOR DOBLE MUY LLENA,
CUARTEADA**
En el centro de esta densa
flor se observan cuatro partes
simétricas que le confieren
un aspecto arremolinado.

Al introducir los rosales chinos (→ cultivo, página 15), que florecen con mayor frecuencia, se produjo en Europa un gran auge del cultivo del rosal y llegaron formas cultivadas de crecimiento más débil. Pero también se utilizaron más para el cultivo los tipos de rosales silvestres asiáticos, de modo que las formas de largos tallos como la *Rosa wichuriana* y la *Rosa multiflora* supusieron una importante aportación para el desarrollo de los **rosales trepadores.**

Poco después surgieron variedades de diferente altura, creadas por medio de complejas y múltiples hibridaciones, y se empezaron a comercializar los **rosales Polyantha** y **Floribunda**; a partir de entonces resultó más difícil realizar una subdivisión por clases de rosales (→ página 52) basada en el árbol genealógico de las especies. Por este motivo se pasó a subdividir la gama moderna de rosales según sus formas de crecimiento, puesto que se trata del principal criterio que hay que tener en cuenta cuando se decide plantar rosales en un jardín. Actualmente se distinguen los siguientes grupos de rosales:

➤ Rosales arbustivos (→ página 64)
➤ Rosales cubridores (→ página 66)
➤ Rosales de arriate o macizo (→ página 69)
➤ Rosales enanos (→ página 72)
➤ Rosales trepadores (→ página 83)

33. Formas de las flores: **Los rosales tienen flores muy diferentes dependiendo de la variedad. ¿A qué se debe esto?**

Todos los rosales silvestres, no importa de qué continente procedan, producen flores simples formadas por cinco pétalos y cinco sépalos. La única excepción es la *Rosa serices f. pteracantha*, que tiene solo cuatro pétalos y cuatro sépalos. En el centro de la flor simple (→ foto 1, página anterior), se ven los estambres amarillos, que proporcionan el polen. Están rodeando el estigma que, junto con el estilo y el ovario, forman la parte femenina de la flor.

Mediante mutaciones (→ página 38), cruces naturales (→ página 34) y posteriormente una selección estudiada (→ página 15), se han obtenido flores densas a lo largo de los siglos. Cuando la flor tiene hasta nueve pétalos, es simple; si la variedad tiene 10-20 pétalos, es considerada semidoble (→ foto 2, página 29); las que superan ese número de pétalos son dobles.

Existen rosas de flor doble extraordinariamente llena que alcanzan hasta 100 pétalos. En esos casos ya no tienen estambres capaces de cumplir con su función. Asimismo varía la forma de la flor en relación con la disposición y ubicación de los pétalos. Está la flor típica de rosal Híbrido de té, de porte erguido, y que es la más bella al abrirse (→ foto 3, página 29), también hay flores de formas abiertas, globulares, planas o chatas; hay finas rosetas (→ foto 4, página 29), flores partidas en cuatro (→ foto 5, página 29) –como ocurre con frecuencia en el caso en las rosas antiguas– y rosas con forma de pompón.

34. Fragancia: En mi jardín tengo diferentes rosales, algunos tienen rosas aromáticas y otros no. ¿Por qué no son aromáticas todas las rosas?

Antaño, rosa era sinónimo de fragancia, tal como se elogiaba a esta flor en la poesía y la prosa literaria. Pero lo cierto es que actualmente muchas veces las rosas apenas tienen fragancia. Esta discrepancia entre la fama y la realidad se ha producido por el cruce de especies y variedades aromáticas y sin olor. Las rosas antiguas más representativas de esta especie en Europa y Oriente durante más de 2000 años –la rosa gallica, la rosa alba y la rosa damascena– son muy fragantes. En nuestro entorno cultural no se conocieron otras rosas hasta principios del siglo XIX. Por eso la fragancia se daba por sobreentendida, se trataba de una característica inherente a la rosa. Hasta aproximadamente 1800 no llegaron las primeras rosas chinas a Europa. Fascinaron a los expertos por su múltiple floración y despertaron una verdadera fiebre entre los cultivadores (→ página 15). Pero muchas de estas rosas no tenían aroma. Puesto que la característica de emitir una fragancia es de herencia recesiva (→ página 48), se ha ido perdiendo de generación en generación con las variedades cruzadas, de modo que, en la gama de variedades de rosas del siglo XX, cada vez era más raro que fueran fragantes. No ha sido hasta el renacimiento de las rosas antiguas, casi sin excepción con aroma, que los obtentores de rosales han vuelto a considerar la fragancia de las rosas un objetivo importante que deben conseguir sus cultivares. David Austin (→ página 68) fue el primero en devolver, con sus rosales ingleses (→ página 81), la sensual fragancia a las rosaledas. Como consecuencia de esto, desde hace dos o tres décadas, en muchos viveros de Europa vuelven a cultivarse nuevas variedades de rosas de maravillosa fragancia.

35. Fragancia. Despliegue: He comprobado que el despliegue de la fragancia de mis rosas varía de un día a otro e incluso a lo largo de un mismo día. ¿A qué se debe?

El despliegue de la fragancia depende mucho del tiempo que hace y sobre todo de la temperatura. Cuando los días son frescos y nublados o también antes del amanecer, el perfume es menos perceptible que a pleno sol y a altas temperaturas. Esto se debe a que los aceites esenciales, que son los portadores del aroma, requieren calor para poder volatilizarse, es decir, evaporarse y dispersarse por el aire circundante y ser de este modo percibidos por la nariz. Sin embargo, un exceso de calor, como la calima del mediodía en pleno verano, hace que el olor se volatilice demasiado rápido.

36. Fragancia. Intensidad: Algunas especies se consideran fragantes pero yo apenas percibo su olor. ¿Qué rosas tienen el aroma más intenso?

La intensidad de la fragancia de las especies es muy variada. Sin embargo, la descripción de las variedades no siempre lo refleja. En los catálogos de los viveristas, no obstante, se encuentra cada vez con mayor frecuencia una escala de la intensidad del aroma. En términos generales, se puede decir que las rosas antiguas tienen una fragancia intensa casi sin excepción. Entre las rosas modernas, las rosas inglesas se caracterizan todas por su agradable aroma. Respecto al resto de las rosas, se encuentran rosas que emanan fragancia de diferente intensidad entre todos los tipos de rosal. Algunas flores de híbridos de té de aroma intenso se reconocen, por ejemplo, porque lo indica su propio nombre. Así pues, encontramos variedades que se llaman 'Duftvolke' (Nube fragante), 'Duftrausch' (Aroma embriagador), 'Duftgold' (Oro fragante) o 'Blue parfum' (Perfume azul).

37. Fragancia. Órgano portador: ¿Qué partes de la planta son las portadoras de la fragancia? ¿Dónde están localizadas?

En casi todas las rosas la fragancia procede de los pétalos. Estos contienen en su epitelio (epidermis) minúsculas gotas de aceites esenciales. Se trata de sustancias muy volátiles que, al darse una temperatura suficientemente elevada, se evaporan a través de las paredes celulares hacia el exterior y al entrar en contacto con el oxígeno despliegan su aroma. Estas sustancias son fabricadas constantemente por las plantas.

Una excepción es la *Rosa multiflora* y algunas de sus descendientes sarmentosas, que elaboran el aroma en los estambres. Aparte de esto, algunas rosas también producen sustancias aromáticas en otros órganos. Las rosas musgosas (→ página 76), por ejemplo, tienen un aroma resinoso y balsámico producido por filamentos glandulares que se

INFORMACIÓN

¿Qué efecto tiene la fragancia de las rosas?
En aromaterapia, se considera que la fragancia de las rosas tiene un efecto que produce serenidad y equilibrio. Pertenece a las notas del corazón de la gama de aromas y actúa también directamente sobre el corazón, es decir, abre la puerta a los sentimientos, la imaginación y el sentido de la belleza y la alegría. Hay estudios que demuestran que el aroma de las rosas estimula la segregación de un opiáceo en el organismo humano.
La metáfora, pues, del aroma embriagador de esta flor tiene su parte de verdad.

encuentran a lo largo de los sépalos y pedúnculos, que liberan su fragancia con el contacto. En el caso de la *Rosa villosa* y la *Rosa rubiginosa*, es el follaje el responsable de la nota afrutada que perfuma el aire, especialmente tras la lluvia.

38. Fragancia. Tipos: Me ha llamado la atención que existen fragancias de rosa muy diferentes. ¿A qué se debe?

El aceite esencial de cada variedad tiene una composición diferente que a veces también nos recuerdan a otras plantas por sus notas de limón, anís, incienso, melocotón o té.

El aroma más típico a rosa se encuentra entre las rosas damascenas. Es de una intensidad y densidad apabullante, resulta a la vez floral y con leves notas dulces y especiadas, es decir, aroma a rosa.

➤ De forma más sutil y dulce, con una leve nota a miel, huelen por ejemplo las centifolias y muchas variedades de híbridas de alba y moschata.

➤ Componentes acres y especiados como de mirra, incienso, nuez moscada o pimienta se encuentran en los aromas de las variedades de gallica y rosas musgosas, así como en algunas rosas inglesas como la variedad 'Constance Spry'.

➤ Entre las rosas modernas hay muchas cuyo perfume contiene notas afrutadas como el aroma a limón, frambuesa, albaricoque y melocotón. En particular las flores amarillas y de color melocotón desprenden estos aromas afrutados que esconden el aroma ligeramente acre de rosa de té, típico entre las variedades de rosas amarillas.

39. Hibridación: ¿Solo puede darse una hibridación en la práctica del cultivo del rosal o también hay hibridaciones naturales?

Por una hibridación se entiende el emparejamiento de dos organismos progenitores diferentes, es decir, de dos especies o variedades de rosas (el híbrido propiamente dicho se produce siempre entre especies diferentes y no entre variedades).

Se trata fundamentalmente de una reproducción sexual normal. El polen de uno de los miembros de la pareja se posa sobre el estigma del otro miembro de forma natural durante la polinización, con la ayuda de insectos o del viento. Pero también puede producirse con la intervención del obtentor. La combinación de los rasgos hereditarios de ambos ejemplares permite la formación de nuevos individuos, por ejemplo, con otros colores de flor, a partir de los cuales pueden desarrollarse nuevas variedades. La polinización cruzada concreta la realizan los obtentores de cultivares cuando se pretende combinar una pareja de progenitores concreta y se desea excluir una polinización externa. Con este fin se eliminan los estambres de la planta madre antes de que el polen haya madurado para evitar una autopolinización. Las flores se cubren con pequeños sacos para protegerlas del vuelo de los insectos.

Tras la maduración del polen en la planta padre, se traslada este sobre un fino pincel y se deposita sobre el estigma de la planta madre.

40. **Híbrido: En la bibliografía especializada encuentro con frecuencia el concepto «híbrido». ¿Qué significa exactamente?**

Un híbrido es el producto de un cruce (→ página anterior) de progenitores de diferente especie cuyos genes se combinan de forma nueva. De este modo se crean nuevas formas cuyas características se diferencian de las de los progenitores o se combinan de forma nueva. Mediante la selección (→ página 46) y un posterior cultivo específico, se crean nuevas variedades con propiedades diferentes y específicas.

41. **Hojas del rosal: He observado que los rosales tienen pequeñas hojas dispuestas en grupos de cinco sobre un tallo. ¿Esto es lo que se denomina una hoja de rosal?**

Sí, los rosales forman hojas compuestas de varias hojuelas dispuestas sobre un mismo tallo. Se denominan hojas pinnadas. La cantidad de hojitas o foliolos que forman una hoja depende de la especie y la variedad. Además, los foliolos de los distintos tipos de rosal también se diferencian por su tamaño, su color y la estructura de su superficie.

42. **Hojas pinnadas:** Se dice que todas las rosas tienen las hojas pinnadas. ¿En qué se diferencian las hojas pinnadas de otras?

Las hojas pinnadas (→ foto) son aquellas que están formadas por varias hojas pequeñas o foliolos independientes dispuestos sobre un mismo pedúnculo. Las hojas pinnadas de las rosas normalmente constan de tres, cinco o siete foliolos, aunque también hay variedades con hasta 15 foliolos. En cualquier caso, las hojas pinnadas de los rosales siempre están formadas por un número impar de foliolos.

1
Las hojas del rosal son pinnadas y están formadas por un número impar de foliolos. La cantidad y el tamaño de los foliolos varía según la especie.

2
También existen diferencias en la estructura de la superficie. Algunas especies ofrecen una preciosa coloración otoñal.

El punto de injerto se ve normalmente de forma clara a modo de engrosamiento nudoso en la base de la raíz, sobre el cual crecen tallos.

43. Injerto: ¿Por qué casi todos los rosales están injertados? ¿Qué ventajas aporta esto?

El injerto se ha impuesto por varios motivos: en primer lugar, un buen patrón (→ página 39) mejora, en las variedades injertadas, la capacidad de crecimiento y la resistencia a las heladas y a las enfermedades. Por lo tanto, supone una importante ventaja para el desarrollo y la supervivencia de la planta.

Por otro lado, el injerto permite una multiplicación rápida (→ página 42) de nuevas variedades en grandes cantidades. Para mantener una variedad de rosas realmente pura, es decir, producir descendientes que ofrezcan todas las características de la planta madre, es necesario aplicar la reproducción vegetativa. El método más eficaz para ello es el injerto de escudete (→ página 38), que solo requiere una única yema injertada para crear una nueva planta.

44. Injerto. Punto de: Se supone que el punto de injerto debe enterrarse cuando se introduce la planta. ¿Dónde se encuentra exactamente y cómo se reconoce?

El punto de injerto se encuentra en el cuello de la raíz, es decir, en la zona entre el inicio de la copa y la raíz principal. En este lugar se inserta lateralmente la yema seleccionada sobre el patrón para realizar el injerto. Con el tiempo, el injerto se une a la base, lo que se reconoce porque se forma un engrosamiento nudoso. La excepción la constituyen las rosas de pie, que se injertan a la altura de la copa.

45. Injerto de escudete: He oído decir que en la actualidad se multiplican los rosales principalmente por medio de injertos de escudete. ¿Por qué?

Es cierto que el injerto de escudete es la forma más habitual de multiplicación de los rosales. Se trata de un tipo de multiplicación vegetativa. Se injerta una yema de una variedad cultivada sobre una planta de variedad silvestre (→ página 159). Esta última solo desarrolla posteriormente las raíces de la planta nueva. La copa de la planta la desarrolla la variedad injertada. El injerto de escudete permite multiplicar de forma rápida una variedad en grandes cantidades, incluso si se parte de poco material para ello, por ejemplo, si se trata de una variedad nueva. Este método requiere algo de práctica. Para los aficionados a la jardinería existen métodos más sencillos de multiplicación (→ página 42).

46. Mutación: De algunas variedades de rosal se dice que han sido obtenidas por mutación. ¿Qué significa eso?

Una mutación significa una repentina –en lenguaje técnico se dice espontánea– modificación de la herencia genética, lo que conduce a la formación de nuevas características. En el caso del rosal han surgido de este modo variantes trepadoras o de otros colores. En este caso se denominan también *sports*.

Si estas partes modificadas de la planta se siguen multiplicando de forma vegetativa, el nuevo rasgo se transferirá y se mantendrá en las siguientes generaciones.

47. Patrón: ¿Qué se entiende por el patrón de un rosal?

Casi todas las variedades de rosales que se pueden obtener en los comercios están injertadas, es decir, se injertan yemas de las variedades que se quiere cultivar sobre pies de rosales silvestres ya desarrollados. Un rosal injertado consta, por lo tanto, en todas sus partes aéreas de una variedad injertada mientras que el pie, también denominado patrón, es un rosal silvestre. En la mayoría de los casos se utiliza como patrón la *Rosa corymbifera* 'Laxa'. Esta variedad desarrolla raíces principales robustas que alcanzan al menos 60 cm de profundidad, de modo que son capaces de abastecer extraordinariamente de agua y nutrientes al arbusto. Esto también permite mejorar notablemente la resistencia a las heladas de muchas variedades injertadas. Asimismo, también se utilizan otros rosales silvestres como patrón –en la mayoría de los casos obtenidos a partir de semillas– como, por ejemplo, la *Rosa canina* o la *Rosa wichuriana*.

48. Pétalos: En los catálogos y las revistas me encuentro frecuentemente con el concepto «pétalos». ¿De qué se trata?

El pétalo es la denominación botánica de las hojitas de color (o blancas) de las rosas (→ imagen, página 26). La rosa de flor simple tiene generalmente cinco pétalos. Las flores dobles pueden alcanzar de 20 a 100 pétalos.

49. Pétalos comestibles: He visto con frecuencia dulces y postres decorados con pétalos de rosa. ¿Pueden comerse?

Sí, sin problemas. Las rosas no contienen sustancias tóxicas. Todo lo contrario. En siglos pasados se cultivaban rosales en las abadías principalmente como plantas medicinales debido a las sustancias que contienen. Hoy se utilizan en la cocina sobre todo como aromatizante, aunque con este fin solo se usan variedades de intenso aroma. Los aceites esenciales aportan el sabor correspondiente. Si quiere utilizar rosas es conveniente que las coja en su propio jardín y solo las que no estén tratadas con veneno. Coséchelas por la mañana después de que se haya evaporado el rocío de las flores, pero antes de que les haya dado excesivamente el sol, pues en este momento la concentración de aceites esenciales todavía es muy elevada.

50. **Plantas leñosas: Cuando se habla de flores para el jardín siempre se menciona el rosal a la vez que el flox y el albarraz, así como otras vivaces. ¿Acaso los rosales no son plantas leñosas?**

Por supuesto que los rosales son plantas leñosas. Del mismo modo que ocurre con otros árboles y arbustos, sus tallos y ramas leñosos siguen vivos en invierno y crecen en cada nueva temporada. En el caso de las vivaces, sin embargo, las partes superficiales se mueren todos los años al llegar las primeras heladas y solo hibernan las raíces de donde rebrotan nuevos tallos en primavera. La mayoría de las plantas leñosas se consideran por su presencia permanente y su tamaño elementos estructurales en jardinería. Aportan protección visual, forman marcos y distribuyen espacios. Mu-

CONSEJO EXTRA

Delicioso ponche de rosas

Aquel que tenga rosas aromáticas no fumigadas puede preparar un ponche de rosas de forma muy sencilla: corte 10-12 flores, despréndales los pétalos y quite las partes más claras del lado del receptáculo. A continuación, macere los pétalos con unos 100 gramos de azúcar, una copita de aguardiente, jerez o licor de naranja y media botella de vino, y deje reposar la mezcla durante tres o cuatro horas. Posteriormente cuélela y añada vino blanco o cava.

chas de estas plantas ni siquiera florecen (o lo hacen de forma poco notoria o solo brevemente). Sin embargo, los rosales se cultivan sobre todo por su atractivo floral. Los rosales de macizo y los rosales tapizantes de floración recurrente, que ofrecen su colorido a lo largo del verano y se mantienen relativamente pequeños, cumplen especialmente con una función ornamental en los arriates, la cual comparten con las plantas vivaces y estivales. Por ello se mencionan con frecuencia dentro de un mismo apartado cuando se trata de paisajismo.

51. Porte bajo: **Al buscar un rosal tapizante adecuado leo en los catálogos una y otra vez la característica de «porte bajo». ¿Qué significa?**

Los rosales tapizantes (→ página 66) pueden crecer con portes muy distintos. Algunos crecen sin elevarse mucho y recostados, es decir, que se hacen más anchos que altos. Este grupo de rosales se subdivide en variedades de crecimiento alto y crecimiento bajo.

➤ Las variedades de porte alto pueden alcanzar un metro de altura y aun así tener un aspecto tapizante, pues tienen tallos extremadamente largos que crecen a lo ancho.

➤ Las variedades de porte bajo solo suelen alcanzar 30-50 cm de altura, aunque tienen tallos de hasta un metro de longitud, por lo que su aspecto es prácticamente rastrero.

52. Raíces profundas: **He oído decir que los rosales tienen las raíces profundas. ¿Eso tiene consecuencias si se cultivan en el jardín?**

Las plantas forman sistemas radiculares de tipos muy diferentes. Algunas apenas rozan con sus raíces por debajo de la superficie de la tierra, otras forman raíces largas que penetran en el suelo en profundidad y casi no se ramifican y otras, sin embargo, forman cepellones acorazonados.

Los rosales pertenecen al grupo de plantas que desarrollan raíces profundas, es decir, no solo están bien anclados en la tierra, sino que también pueden abarcar capas de la tierra que otras plantas ya no alcanzan. Allí no necesitan competir por el agua y los nutrientes.

Esta característica tiene la ventaja para el jardinero de que no necesita regar las rosas demasiado (excepto en la fase de arraigamiento). También se dice que es importante que el suelo sea profundo y ligero. Las capas compactadas pueden formar una barrera para las raíces y conducir a un atrofiamiento. Por eso es necesario roturar la tierra antes de plantar (al menos a una profundidad de un metro).

53. Remontar: **En la descripción de la variedad del rosal arbustivo que tengo se indica que «remonta». ¿Qué significa eso?**

La palabra *remontar* se usa para decir que la variedad es capaz de echar flores nuevamente después de la época principal de floración en verano. Normalmente, la planta descansa durante un periodo para luego producir una nueva tanda de flores a partir de finales de agosto o en septiembre (→ segunda floración, página 45). Esto se debe a que el rosal tiene la capacidad de poder formar flores sobre tallos jóvenes que han brotado durante la temporada en curso.

54. Reproducción: **¿Qué métodos existen para la reproducción de las rosas y cuáles son los más adecuados para el aficionado a la jardinería?**

Las rosas pueden reproducirse de muchas maneras. Cada método tiene sus ventajas y sus inconvenientes. En líneas generales, hay que diferenciar entre la reproducción generativa (sexual) y la vegetativa (asexual).

➤ **Sembrado** (→ páginas 46, 182): este es el método de reproducción sexual. El estigma, la parte femenina de la flor, es fecundado por el polen masculino. A partir de ahí se forma un escaramujo que está lleno de semillas. Debido a la combinación de los rasgos hereditarios de ambos progenitores, pueden formarse individuos con un aspecto nuevo y con nuevas características, lo cual es necesario para el cultivo de las rosas. Para el aficionado a la jardinería que desea reproducir un rosal concreto, este no es el método adecuado, puesto que los retoños que broten de las semillas nunca serán idénticos a su planta progenitora.

Si se desea una reproducción pura de la variedad, hay que aplicar la reproducción vegetativa. Para ello existen varios métodos:

➤ **Acodos** (→ páginas 11, 139): los rosales con tallos largos pueden reproducirse fácilmente en otoño o en primavera mediante acodos.

➤ **Estolones** (→ página 21): algunos rosales se propagan subterráneamente a través de sus rizomas desarrollando nuevos brotes a poca distancia de la planta progenitora. Estos brotes arraigan y en primavera pueden separarse cortando el rizoma y trasplantarse a otro lugar.

➤ **Esquejes verdes**: esta forma de reproducción (→ página 149) requiere algo más de trabajo. Consiste en cortar en verano ramas vigorosas pero que todavía no estén lignificadas y utilizarlas como esquejes.

➤ **Injerto de escudete** (→ página 38, 159): este método se aplica sobre todo en la jardinería profesional. Requiere algo de práctica pero permite una reproducción de nuevas variedades en grandes cantidades.

➤ **Esquejes leñosos**: es un método sencillo y seguro (→ página 152) que permite los mejores resultados en el caso de rosales arbustivos, trepadores y cubridores.

55. Rosales de interior: ¿Cómo son los rosas de interior? ¿Se trata de flores de corte?

No, las rosas de corte o rosas para búcaros no tienen nada en común con estos rosales enanos. Se consideran rosas de interior los rosales que se cultivan en macetas y que en los comercios especializados se ofrecen para la decoración de interiores. Actualmente pueden adquirirse casi a lo largo de todo el año. Se trata de rosales miniatura (→ página 75) cultivados para que se queden pequeños, que cuentan con una buena ramificación y, en caso de recibir los cuidados adecuados, florecen durante semanas. En la mayoría de los casos crecen sobre su propia raíz, puesto que de este modo se facilita su cultivo en maceta. En interiores, el lugar más adecuado es al lado de una ventana luminosa donde no dé demasiado el sol directamente. Para que la floración sea abundante lo ideal son temperaturas ambiente en torno a los 20 ºC y un riego regular (→ página 178). La mayoría de estas especies enanas también están a gusto al aire libre en verano en los balcones y terrazas. Luz natural en abundancia y una buena ventilación estimulan un crecimiento saludable.

Sin embargo, los rosales de interior solo son aptos para ser plantados en el exterior en condiciones específicas. Si bien la mayoría de estas variedades soportan bien el invierno, al cultivarse principalmente en invernaderos y si después han pasado semanas expuestas a las temperaturas del interior de la casa, no suelen resistir el cambio que supone el trasplante en el jardín. Sin embargo, con un poco de paciencia y los cuidados adecuados (sobre todo protección invernal), pueden conseguirse buenos resultados con estos rosales enanos.

Los rosales de interior aprecian una ubicación luminosa pero no el sol intenso.

56. Rosales de raíz propia: Me han recomendado utilizar rosales de raíz propia para formar un seto. ¿Qué significa eso y qué ventajas ofrece?

Los rosales de raíz propia son rosales no injertados y se asientan, por lo tanto, sobre sus propias raíces. Casi todos los rosales que se comercializan están injertados (→ página 37). Este tipo de rosales enraízan más superficialmente. Esta característica es deseable en el caso, por ejemplo, de los rosales enanos, pues de este modo crecen mejor en contenedores.

De los rosales de raíz propia también crecen a veces estolones, lo que supone una ventaja cuando queremos usar los rosales para formar setos y cubrir el suelo, pues así se consigue rápidamente una hilera o una superficie compacta. Además, también se evita tener que eliminar los tallos bordes entre la frondosidad de un rosal, lo que no resulta precisamente divertido.

57. Roseta: ¿Cuándo se dice de una rosa que es una roseta?

Se dice que una rosa doble muy llena forma una roseta cuando sus pétalos están dispuestos en círculos concéntricos en torno al centro de la flor y los pétalos de una hilada están desplazados respecto a los de la hilada siguiente. Estas flores son muy chatas.

Las rosetas son las flores típicas de los rosales antiguos y los ingleses, por ejemplo, las de la variedad 'Gertrude Jekyll' (→ foto, página 29).

58. Segunda floración: En la descripción de una variedad se encuentra con frecuencia la expresión «segunda floración». ¿Qué significa?

Esta expresión describe el ritmo de floración (→ página 23) de una variedad. Todas las rosas abren sus capullos en la época de floración principal, en junio o julio. Algunas variedades inician a continuación un periodo de descanso que dura el resto del verano –o como mucho echan alguna flor que otra– hasta que vuelven a florecer en otoño, generalmente a partir de finales de agosto o en septiembre. Esta segunda floración (→ remontar, página 42) suele ser más débil que la primera excepto en el caso de los rosales Bourboniano (→ página 65), que tienen muchas variedades cuyo momento álgido de floración es en otoño.

59. Selección: ¿Qué se oculta tras el término *selección*?

Selección indica que se han elegido plantones con determinadas características y potencial de buen crecimiento durante el cultivo de los rosales (→ página 15). En primer lugar se obtienen las semillas de los escaramujos y se siembran.

Los plantones se continúan cultivando y comprobando con regularidad para calibrar las características deseadas de belleza floral, robustez o nuevos rasgos. Solamente se reproducen los mejores ejemplares (selección) para que se comercialicen como nuevas variedades en un caso dado.

60. Sembrar: ¿Puedo multiplicar yo mismo mis rosales sembrando las semillas de los frutos?

Si sus rosales pertenecen a una variedad que produce escaramujos, es posible sembrar las semillas. Sin embargo, hay que tener en cuenta que las semillas nunca producen plantas idénticas a la variedad en cuestión, es decir, que los retoños no tienen nunca las mismas características que sus plantas progenitoras.

En ciertos casos incluso pueden tener un aspecto notablemente distinto puesto que la siembra es un tipo de multiplicación generativa (sexual).

Si aun así quiere intentarlo, puede consultar las indicaciones correspondientes en la página 182.

61. Sépalos: ¿Qué son realmente los sépalos de las rosas y dónde se encuentran?

Los sépalos (→ dibujo, página 26) envuelven el botón floral de la rosa, protegiendo así los pétalos y los órganos reproductores hasta que la flor se abra. Las rosas siempre suman cinco (excepto en la *Rosa sericea f. pteracantha*, que solo tiene cuatro). Cuando la flor se abre, generalmente, ya no se ven desde arriba. Se quedan más pequeños que los pétalos y siempre mantienen su color verde. Los sépalos de la flor tienen diferentes formas: dos de ellos llevan pequeñas protuberancias pubescentes en ambos lados, uno de ellos tiene solo una pubescencia a un lado y otros dos carecen de ella. La longitud y la disposición de los sépalos varían según la variedad de rosal. Sirven como característica diferenciadora. Los sépalos pueden estar erguidos, en posición horizontal o doblados hacia atrás.

62. Sépalos: En la descripción de las variedades siempre aparece alguna vez el concepto «sépalo». ¿Qué significa?

Sépalo es el nombre que reciben las hojas verdes externas de la flor (→ dibujo, página 26), que la envuelven cuando todavía es un capullo. Dependiendo de su disposición al abrirse la flor, los botánicos identifican diferentes variedades de rosal.

63. Tallos bordes: ¿Cómo reconozco un tallo borde y por qué es tan importante cortarlo rápidamente?

Los tallos bordes (→ página 48) son los que brotan del patrón de injerto y tienen hojas de un tono diferente y de tamaño frecuentemente más pequeño y con mayor cantidad de foliolos (→ hojas pinnadas, página 36) que el resto del follaje. Los tallos a veces no llevan aguijones, o llevan muy pocos, puesto que con frecuencia se utilizan como patrón la

Rosa multiflora y la *Rosa corymbifera* 'Laxa', que no tienen aguijones.

Los tallos bordes deben arrancarse del lugar bajo tierra de donde brotan, pues de lo contrario crecerán más que los tallos de la variedad injertada, que es más débil. Los patrones (→ foto, página siguiente) suelen ser de un tipo de rosal silvestre de crecimiento vigoroso.

64. Tallo de aspecto diferente: En mi rosal crece un tallo cuyo aspecto difiere claramente de los demás ¿De qué se trata?

Se trata de un tallo borde (→ foto página siguiente). Sus hojas destacan a menudo del resto del follaje pues suelen ser más pequeñas y están más subdivididas. Los tallos bordes brotan del pie sobre el que se ha injertado (→ página 37) el rosal. Este pie o patrón es generalmente un rosal silvestre más vigoroso que la variedad injertada.

Si se deja que el tallo borde crezca a su antojo se impondrá al resto del arbusto en poco tiempo. Cortándolo a ras de suelo solo estimularemos más sus ganas de ramificarse y de crecer, de modo que acabará imponiéndose a la variedad injertada. La única solución es arrancarlo de donde brota en el pie.

65. Transmisión de rasgos hereditarios: ¿Cómo se transmiten los rasgos hereditarios? ¿Cómo hay que combinar las variedades progenitoras para obtener características determinadas?

Esta cuestión se la plantean año tras año numerosos obtentores de cultivares. Incluso los más experimentados y los que mayores logros han obtenido saben que su éxito depende de una cuestión de probabilidades.

Desde la época de Gregor Mendel se conocen las reglas básicas de la genética. Hace unos 150 años demostró que existen unos rasgos hereditarios dominantes y otros recesivos.

Al combinarse dos progenitores que solo se diferencian en un rasgo, el rasgo recesivo desaparecerá completamente en la primera generación de descendientes. Sin embargo, en la segunda generación aparecerá de nuevo en una cuarta parte de los descendientes. Pero los rosales se diferencian en un sinfín de rasgos que se basan en miles de genes. Algunos genes son de libre combinación, mientras que otros están reunidos en los denominados grupos de ligamiento. La predominancia de los rasgos aparece a distintos niveles.

Los brotes bordes se diferencian de forma clara del follaje restante del rosal en el color y la composición de las hojas.

Esta complejidad supone, pues, que es imposible realizar pronósticos precisos.

66. Variedades limpias: En la bibliografía especializada se encuentra de vez en cuando el concepto «limpias». ¿Qué significa?

Las variedades limpias son aquellas cuyos pétalos se desprenden del ovario cuando se marchitan las flores. En otras rosas, los pétalos que se marchitan se quedan pegados a la flor y se ponen marrones, lo que hace necesario cortar la flor. Por ello, que una rosa sea limpia supone una ventaja importante para los rosales cubridores de las zonas verdes públicas, pues requieren menos cuidados.

Las claves para conocer las rosas

Clases de rosas, grupos
de variedades, formas de
crecimiento, gamas de cultivares...
Este capítulo le orientará para
que pueda desenvolverse con
seguridad por la variada oferta de
rosales que hay en el mercado.

67. Altura de los rosales: **Si quiero un rosal de una altura determinada, ¿puedo saber cuál va a ser su altura definitiva exclusivamente por la descripción de la variedad o hay otra forma?**

Para facilitar el conocimiento de la inmensa gama actual de rosales, esta se subdivide por sus formas de crecimiento (→ página 28) en diferentes clases de rosales. Estas se basan en la altura y el ancho que alcanzarán las plantas cuando se hayan desarrollado y de este modo ofrecen un marco aproximado para su elección. La altura definitiva de una variedad, que dependerá de sus características específicas, solo podrá conocerse a través de la descripción de esa variedad.

68. Clases de rosales: **Cuando se habla de las diferentes clases de rosales, ¿a qué se está haciendo referencia?**

Para obtener una visión general que nos permita orientarnos en la inmensa oferta de los rosales comercializados en la actualidad, se han reunido estos en diferentes clases o grupos. La gama de rosales modernos ofrece diferentes colores, formas de flores y formas de crecimiento. Sobre todo este último criterio resulta decisivo a la hora de su aplicación en jardinería. Por ello, teniendo en cuenta su forma de crecimiento característico, los rosales modernos se han subdividido en las siguientes clases:
➤ Arbustivos (→ página 64).
➤ Arbustivos pequeños (→ página 65), tapizantes (→ página 81) y cubridores de suelo (→ página 66).
➤ Híbridos de té (→ página 74).
➤ Trepadores (→ página 82) y sarmentosos (→ página 81).
Los **rosales antiguos** (→ página 63) prosperan como rosales arbustivos, excepto algunos que son trepadores. Este grupo, por su procedencia, se compone de las siguientes clases:
➤ Alba (→ página 62).
➤ Bourboniano (→ página 65).
➤ Centifolia (→ página 66), que incluye el rosal musgoso.
➤ Damasceno (→ página 67).

➤ Gallica (→ página 71).
➤ Noisettiano (→ página 77).
➤ Portland (→ página 79).
➤ Remontante (→ página 79).

69. Climber: **En los catálogos aparece con frecuencia el término «climber». ¿A qué hace referencia?**

Los rosales que crecen encaramándose sobre alguna base se diferencian entre «rambler» o sarmentosos (→ página 81) y «climber» o trepadores. Los «climber» desarrollan tallos más rígidos y robustos. En realidad no son otra cosa que rosales arbustivos de tallos largos. Generalmente, tienen varias épocas de floración y sus flores son grandes. Se plantan apoyados sobre todo en espalderas o arcos, pues sus tallos solo alcanzan 2-3 m de longitud.

70. Colores de las rosas: **Los colores de las rosas abarcan una amplia gama de tonos, pero ¿hay algún color del que no haya rosas?**

Lo cierto es que la oferta de rosales incluye flores de casi todos los colores: blanco, amarillo, rojo, rosa, naranja e incluso verde. Luego están las mezclas de todos estos colores y sus tonos, desde los claros pasteles a los intensos y oscuros. De momento, solo falta por abarcar el azul y el negro puros, pues incluso las variedades más azules como 'Rhapsody in Blue' o 'Shocking Blue' tienen una proporción claramente violeta, y en cuanto a las bellezas «negras» como 'Black Magic' o 'Black Baccara', se trata en realidad de flores de color rojo oscuro profundo.

71. Elegir un rosal: **¿Cómo encuentro entre tantas variedades el rosal adecuado para mi jardín?**

La increíble oferta actual de rosales puede resultar agobiante y desorientar al principiante. Es preciso planificarse previamente para evitar decepciones tras la adquisición del rosal:

➤ En primer lugar, hay que plantearse las siguientes cuestiones: ¿cuál va a ser el emplazamiento del rosal?, ¿cuál va a ser su función?, ¿cómo es el entorno en el que tiene que encajar? La función de seto verde para evitar las miradas indiscretas al lado de la verja de la parcela la asumirá preferentemente un rosal arbustivo alto. Para dar una delicada nota de color duradera en un arriate, lo ideal es un rosal para macizos o un rosal tapizante. Para los emplazamientos en semisombra o en zonas de fuertes heladas, solo son adecuadas unas pocas variedades. Como se ve, hay que decidir el tipo de crecimiento del rosal porque el lugar previsto para su ubicación restringe bastante la selección.

➤ El segundo criterio importante para decidirse por una variedad es el color de las rosas. Es fundamental que combine bien con sus compañeras en el arriate, con el color de una valla o de una fachada. Después de haber resuelto estas dos cuestiones habrá conseguido reducir el espectro de posibilidades. No olvidar los gustos personales: si se desea que el rosal florezca varias veces al año, que la flor sea simple, doble o de aspecto nostálgico, etc.

INFORMACIÓN

El rosal más vendido del mundo

En 1945 el cultivador de rosas francés Francis Meilland lanzó al mercado un nuevo rosal Híbrido de Té de dos colores. El nombre que recibió en Francia esta nueva creación de color amarillo y rojo fue 'Mme Antoine Francis'. Como consecuencia del caos en que se vivía a causa de la guerra, esta variedad llegó al mercado en Alemania con el nombre 'Gloria Dei', en Italia con el nombre 'Gioia' y en EE. UU. con el nombre 'Peace'. Se vendieron más de 100 millones de ejemplares y se convirtió en el rosal más vendido y plantado del mundo.

72. Híbridos de Moschata: ¿Los híbridos de Moschata forman todavía parte de los rosales antiguos o son rosales modernos?

La típica flor del Híbrido de Té es esbelta. He aquí la variedad 'Duftzauber 84'.

Es cierto que sobre esta cuestión no se obtiene una respuesta clara a través de la bibliografía relacionada. Puesto que la mayoría de las variedades de esta clase son de floración múltiple y muchas tienen la flor de color amarillo, deberían catalogarse dentro del grupo de los rosales modernos. Sin embargo, por muchas de sus características fundamentales se asemejan a los rosales antiguos, pues desarrollan flores muy densas y chatas y tienen formas de crecimiento bastante vigorosas. Además, su intensa y embriagadora fragancia es un rasgo distintivo de estas rosas. Entre las variedades más conocidas y estimadas hasta la actualidad se cuentan 'Buff Beauty' y 'Ghislaine de Féligonde'.

Los híbridos de Moschata se obtuvieron a principios del siglo XX y son fruto de los trabajos del cultivador alemán Peter Lambert y el cultivador inglés Reverendo Pemberton. Ambos se dedicaban a la obtención de rosales arbustivos de floración recurrente, sobre todo a partir de la variedad 'Tier'.

73. Híbridos de té: ¿De dónde procede el nombre «Híbrido de Té»? ¿Qué rosales pertenecen a este grupo?

Este nombre se remonta hasta el siglo XIX, cuando los cultivadores hibridaron los rosales de jardines europeos con rosales de té chinos, que no resistían las temperaturas invernales de Centroeuropa. Los rosales de té recibieron ese nombre porque los primeros ejemplares llegaron a Europa en barcos que transportaban té desde China. El objetivo de los cultivadores fue conseguir híbridos con varias floraciones que fueran resistentes a las heladas. Finalmente lo consiguieron en 1867 con el primer rosal injertado, 'La France', y a partir de entonces esta nueva clase de rosales recibió el nombre de Híbridos de té.

74. Inicio del cultivo de rosales: ¿Cuándo y dónde comenzó exactamente el cultivo de rosales?

Supuestamente fue en China donde se crearon los primeros rosales paisajísticos como plantas ornamentales, ya en el año 2700 antes de nuestra era. Sin embargo, el primer documento escrito que lo atestigua data de 500 antes de Cristo, de la época de Confucio.

Los rosales paisajísticos chinos se desarrollaron de forma totalmente independiente de los europeos. También en Oriente Próximo, sobre todo en Persia, al parecer ya había rosales en los jardines sobre el año 2000 a. C.

Sin embargo, en Europa la historia del cultivo del rosal solo se puede rastrear a partir de la época de los griegos. Con la apertura de las vías comerciales, el cultivo del rosal obtuvo un nuevo impulso. Como consecuencia de ello, por ejemplo, los holandeses empezaron a cultivar rosales Centifolia en el siglo XVI. En aquella época, las variedades nuevas generalmente se producían debido a mutaciones espontáneas (→ página 38) o por hibridaciones naturales (→ página 34). En torno al año 1800 se conocían alrededor de 30-40 variedades de rosas. En cuanto llegaron los primeros rosales chinos a Europa se desató una verdadera fiebre cultivadora y en 1830 ya se contaba con 2500 variedades y, a mediados de ese siglo, con aproximadamente 5000.

Su evolución se vio respaldada por los conocimientos cada vez más avanzados sobre la multiplicación sexual. Henry Bennett (1823-1890) dedujo las leyes hereditarias para el cultivo del rosal y en la segunda mitad del siglo XIX se estableció la obtención de variedades con el fin de conseguir determinadas características.

75. Obtentores de rosas: ¿Qué obtentores de rosas han destacado por ampliar de forma notable la variedad de rosas?

Realmente resulta difícil presentar una valoración del trabajo realizado por los obtentores. Cada obtentor ha trabajado con ciertas especies y variedades cruzándolas para alcanzar sus propios objetivos o los que dictaba el espíritu de cada época y cada uno de ellos ha enriquecido la gama de rosales a su manera. Se puede decir que el cultivo de rosales, tal y como se realiza en la actualidad, no se comenzó a practicar hasta el siglo XIX ya que anteriormente se obtenían nuevas variedades por hibridaciones casuales o por mutación espontánea (→ página 38). En torno a 1800 apenas se conocían 30-40 rosales diferentes; sin embargo, en los 200 años siguientes a esta fecha, la gama de rosales ha experimentado un apogeo tal que ha llegado a sumar varias decenas de miles. Pero sí puede afirmarse que algunos hitos en el desarrollo del rosal lo marcaron entre otros:

➤ La emperatriz **Joséphine de Beauharnais**, esposa de Napoleón (1763-1814), que si bien no se dedicó al cultivo de los rosales sí lo propició pues coleccionó en Malmaison especies y variedades de rosales de todo el mundo, consiguiendo reunir al cabo de un tiempo la colección más importante de su época, que incluía 240 ejemplares. A partir de ese fon-

---

INFORMACIÓN

Historia del cultivo de las rosas en la Antigüedad
➤ En torno al año 2700 a. C., al parecer ya existían los primeros rosales paisajísticos en China.
➤ Hacia al año 600 a. C., la poetisa griega Safo de Lesbos acuña la expresión «reina de las rosas».
➤ En torno al año 300 a. C., Teofrasto ya diferenciaba las rosas simples de las dobles.
➤ A la antigua Roma llegaron las rosas dobles procedentes de los griegos y seguramente ya se conocían los rosales Alba, Gallica y Damascena.

do, los obtentores franceses pudieron crear nuevos cultivares en las décadas siguientes y a ella le deben el liderazgo en el cultivo de rosales que mantuvieron durante el siglo XIX.

➤ **Henry Bennett** (1823-1890), ganadero inglés. Amante de las rosas, forma parte de la historia del cultivo del rosal, pues trasladó los conocimientos de genética que había adquirido de la cría de ganado al cultivo de rosales, lo que supuso un gran avance para el desarrollo del cultivo de la rosa.

➤ **Jean Baptiste Guillot** (1827-1893) revolucionó el mundo de las rosas. En 1867 creó 'La France', el primer Híbrido de Té, y con ello el primer rosal de varias floraciones y a la vez resistente al frío del invierno. En 1875 se obtuvo en el vivero de Guillot el primer rosal Polyantha.

➤ **Joseph Pernet-Ducher** obtuvo en 1900 el primer rosal de varias floraciones de color amarillo 'Soleil d'Or'.

76. Pie bajo: ¿Qué es un rosal de pie bajo?

Recibe el nombre de rosal de pie bajo el rosal injertado sobre un patrón a 40 cm de altura. A partir de esta altura se desarrollará la copa. Para estos arbolillos de pie bajo se suelen utilizar rosales de pitiminí. Los rosales de pie bajo se cultivan sobre todo en macetones.

77. Rosa generosa: En un catálogo he leído el nombre de «Rosa generosa». ¿De qué especie de rosal se trata?

También puede que encuentre los nombres *Rosa* x *generosa* o Rosa Generosa. Este nombre en la etiqueta no se refiere a la especie de rosal sino a una colección de cultivares de la empresa francesa Guillot, de gran tradición en el cultivo de rosales. En Francia se comercializan también con el nombre «Nouvelles Roses Anciennes», que significa «nuevas rosas antiguas», lo que ya aporta pistas sobre el aspecto de estas variedades. De forma similar a los esfuerzos realizados por el inglés David Austin, así como los de numerosos obtentores de cultivares alemanes en la actualidad, Guillot ha puesto su empeño en obtener cultivares de varias floraciones con el encanto de los rosales antiguos. El resultado obtenido ha sido magnífico. El obtentor de sexta generación ha echado mano de un importante fondo de variedades antiquísimas propias de la empresa y las ha cruzado con rosales modernos. De momento se comercializan ya variedades como 'Agnès Schillinger' o 'Versigny'.

78. Rosal en cascada: ¿Es lo mismo un rosal en cascada que un rosal llorón?

Reciben el nombre de rosales en cascada los rosales en los que sobre el patrón han injertado rosales sarmentosos, trepadores o tapizantes de tallos muy largos. La altura a la que se inserta el injerto es de 140 cm. De esta forma se obtienen copas colgantes con cascadas de flores que caen. En épocas anteriores se denominaban también rosales llorones por asemejarse a otros árboles, como el sauce o el abedul, que también tienen este tipo de porte.

79. Rosales ADR: A la hora de buscar rosales especialmente robustos me han recomendado rosales ADR. ¿Qué significa esta abreviatura?

ADR son las siglas de la institución *Allgemeine Deutsche Rosenneuheiten-Prüfung*, que realiza la evaluación de rosales novedosos en Alemania. Solo las variedades que superan este control, considerado la prueba de rosales más rigurosa del mundo, reciben el distintivo ADR. Este procedimiento se introdujo en 1950 para definir un estándar de calidad general dentro de la amplia gama de variedades nuevas que aparecen cada año.

Se evalúan características como la duración de la floración, el color, la estructura de la flor, el perfume, la resistencia al invierno y la forma de crecimiento. Desde 1975 se valora especialmente la resistencia ante enfermedades producidas por hongos y ante plagas. Para poder evaluar estas características, las variedades que se someten a la comprobación se cultivan

ROSALES ARBUSTIVOS

'ANGELA'

Rosal con el sello ADR que transmite el encanto de un Rosal Antiguo pero que florece casi ininterrumpidamente. Alcanza una altura de 100-130 cm y se extiende a lo ancho hasta alrededor de 100 cm.

'BELVEDERE'

Rosal de aspecto nostálgico y de floraciones sucesivas; se adorna de flores grandes en tonos melocotón, actualmente muy en alza. Es levemente perfumado y alcanza 120-150 cm de altura y 100 cm de ancho.

'CENTENAIRE DE LOURDES'

Este rosal francés emana una fragancia similar a la de las rosas silvestres y florece varias veces. Alcanza hasta 150 cm de altura y 80 cm de ancho y su crecimiento es arqueado y colgante.

'EDENROSE 85'

Arbusto de floraciones sucesivas. Su crecimiento es frondoso y colgante y alcanza 150 cm de altura. Este rosal también puede aplicarse como trepador.

'LICHTKÖNIGIN LUCIA'

Este rosal ADR es resistente a la lluvia, al calor y a las heladas. Es uno de los rosales de flor amarilla más apreciados, florece varias veces y alcanza una altura de 100-150 cm, con un ancho de apenas 80 cm.

'ROSENSTADT FREISING'

Rosal arbustivo de floración recurrente muy novedoso, de flores de un color muy suave y follaje muy ornamental, brillante de color verde oscuro. Alcanza entre 100-120 cm de altura y aproximadamente lo mismo de ancho.

'SCHNEEWITTCHEN'

Este rosal universal también recibe el nombre 'Iceberg'. Su floración es duradera y sus capullos, dispuestos en grandes racimos, se parecen a los de los Híbridos de té. Su porte es arqueado y colgante y llega a medir unos 150 cm de altura.

'WESTERLAND'

Rosal de floración recurrente con el sello ADR que destaca por su intenso aroma dulce y sus grandes flores de intenso color. Alcanza la considerable altura de 150-200 cm.

El distintivo ADR solo se otorga a las variedades de rosales que han superado las pruebas de comprobación de rosales más rigurosas del mundo.

sin aplicarles tratamientos con productos fitosanitarios al menos durante tres años en diferentes lugares de Alemania. De la valoración se hace cargo un círculo de colaboradores compuesto por miembros de la Federación de Viveristas Alemanes (*Bund Deutscher Baumschulen*), obtentores de rosales y expertos independientes de viveros certificados de ensayos. Solo si alcanza una puntuación mínima puede un cultivar nuevo obtener el certificado ADR.

De más de 1500 variedades evaluadas hasta el momento, en la actualidad solo poseen el preciado certificado 144 variedades. También se puede perder este distintivo si, pasados unos años, una variedad ya no cumple con todos los requisitos. Por ejemplo, la resistencia ante enfermedades producidas por hongos puede disminuir con el tiempo porque las cepas de patógenos han mutado. Esta circunstancia puede conducir a la pérdida de este distintivo de calidad alemán.

80. **Rosales alba: ¿Qué son los rosales alba y que características los diferencian de los demás?**

Se trata de una de las clases de rosales más antigua del mundo, por eso, en la actualidad, los rosales de esta especie se consideran rosales antiguos o históricos. Probablemente ya fueran conocidos en la antigua Roma. El nombre de la especie, *Rosa alba,* ya nos indica uno de sus rasgos característicos, su color. De hecho, las flores de esta especie son blancas o de tonos rosa muy claro y su follaje es verde grisáceo. Esta combinación les confiere un aire muy romántico. Las flores suelen ser dobles, muy llenas y de delicioso perfume. Algunas variedades, como la 'Suaveolens', tienen flores semidobles. Los rosales suelen tener un crecimiento muy vigoroso y alcanzan 1,5-3 m de altura.

Los rosales alba se encuentran entre los rosales más resistentes al invierno. Se desarrollan bien incluso en zonas frías de montaña así como en emplazamientos semisombríos donde otros rosales perecen. Se supone que la *Rosa alba* procede de un cruce natural de la *Rosa canina* y la *Rosa x damascena*.

81. Rosales antiguos: ¿Qué se entiende exactamente por rosales antiguos? ¿Se trata de un concepto que describe la edad o el estilo?

La definición de rosal antiguo, tal como consta en la *American Rose Society*, es la siguiente:

Un rosal antiguo es aquel que pertenece a una clase de rosales ya cultivada antes de 1867. Las especies de esta clase pueden haberse creado posteriormente, pues lo determinante es el árbol genealógico de las variedades progenitoras. 1867 es la fecha clave porque en ese año se creó el primer Híbrido de té (→ página 55), que se comercializó como variedad de nombre 'La France'. Este prototipo de rosal híbrido de té inició la era de los rosales modernos (→ página 75).

Los rosales antiguos se caracterizan por su intenso perfume y sus flores dobles, muy llenas y achatadas, y en cuyo centro están divididas en cuatro partes (→ página 29), lo que les confiere su aire típicamente romántico y nostálgico; por eso actualmente la expresión «rosa antigua» se utiliza como indicativo de un estilo concreto.

Entre las formas originales de rosales antiguos se encuentran los rosales Gallica, Alba y Damascena. Están extendidos desde hace milenios por Europa y Asia Menor. En el siglo XVI se añadieron a estos los rosales centifolia. Aparte de la *Rosa x damascena* var. *bifera*, todos los rosales antiguos son arbustivos y florecen una vez al año con rosas de color rosa, rojo carmín o blanco. En el siglo XIX se crearon más clases de rosales, que también se consideran rosales antiguos, si bien ya tienen herencia genética de los rosales de China y son capaces de rebrotar. A este grupo pertenecen los rosales Portland, Borbon, Noisette y Remontantes.

82. Rosales arbustivos: Si todos los rosales son en realidad arbustos, ¿por qué existen los rosales arbustivos?

Desde el punto de vista botánico, todos los rosales son plantas leñosas y, aparte de los rosales trepadores, todos tienen un crecimiento arbustivo. En la selección actual de rosales modernos, sin embargo, varía considerablemente la estatura de las diversas variedades. Este es el motivo por el cual se subdividen los rosales dependiendo de su forma de crecimiento en diferentes clases (→ página 52). Actualmente se denominan rosales arbustivos solo a los más grandes, a aquellos que alcanzan entre 120 y 200 cm de altura o más. Las flores pueden ser simples, semidobles, dobles o muy densas, las plantas pueden florecer una vez al año o repetidamente. Todos los rosales silvestres y todos los rosales antiguos forman parte de esta clase. En algunas ocasiones se subdividen los rosales arbustivos en rosales de parque (→ página 69) y rosales arbustivos ornamentales (→ siguiente).

83. Rosales arbustivos ornamentales: ¿Se diferencian los rosales arbustivos ornamentales de otros rosales arbustivos o solo se trata de otro nombre?

En muchos catálogos y libros especializados, la clase de los rosales arbustivos frecuentemente se subdivide en los rosales de parque (→ página 69), de crecimiento vigoroso y generalmente una época de floración, y los rosales arbustivos ornamentales, que son más compactos y florecen varias veces al año. Los rosales arbustivos ornamentales no suelen alcanzar más de 100-200 cm de altura. Según la variedad, sus flores son simples, semidobles o muy densas y las hay de muchos colores.

84. Rosales arbustivos pequeños: En los catálogos y las revistas se hace mención con frecuencia a los rosales arbustivos pequeños. ¿De qué tipo se trata realmente?

Hoy se usa cada vez más este concepto. Anteriormente esta clase de rosal (→ página 52) se denominaba rosal tapizante (→ página 81) o también rosal cubridor de suelo (→ página 66). Comparado con otros grupos es muy heterogéneo, pues engloba variedades de una sola floración o de varias floraciones anuales, con flores simples o dobles dispuestas en ramilletes u otros tipos de inflorescencias. Asimismo, varía de forma notable su forma de crecimiento, que puede ser de porte decumbente, presentar copas frondosas que crecen más a lo ancho que a lo alto o formar arbustos de tallos colgantes. Las longitudes máximas oscilan entre los 50 y 120 cm. Esto significa que se diluyen bastante los límites con otras clases de rosal por lo que, con frecuencia, se encasilla una variedad tanto en la clase de rosales arbustivos pequeños como en otra clase, la de los rosales para macizos o los rosales arbustivos. Son variedades que se aplican en paisajismo en zonas verdes públicas y por ello deben resultar fáciles de mantener, robustas y muy resistentes a cualquier plaga o enfermedad. Vale la pena mencionar que esta clase de rosal es la que incluye más variedades con el distintivo de calidad ADR.

85. Rosales Bourbonianos: He escuchado decir que los rosales Bourbonianos tienen su época de floración principal en un momento diferente a los demás rosales. ¿Qué son rosales Bourbonianos y cuándo florecen?

Se trata de un grupo de rosales que se creó en el siglo XIX y lleva el nombre del lugar donde se creó, la isla de Bourbon –la actual Isla Reunión–, situada frente a Madagascar. Se consideran parte del grupo de los rosales antiguos, si bien su herencia genética ya incluye genes de los rosales de China. La forma primitiva se debe a una hibridación espontánea entre la *Rosa* x *damascena* var. *bifera* y uno de los primeros rosales de China. Suelen florecer abundantemente en septiembre, por lo que se diferencian de todos los demás rosales. Las flores son grandes, densas, en forma de cuenco o de copa y de aroma embriagador. Entre los rosales Bourbonianos se encuentran algunas celebridades como 'Boule de Neige', 'Gruß aus Teplitz' o 'Souvenir de la Malmaison' (→ fotos página siguiente), así como la variedad de flor de color blanco y rosa amarmolado 'Honorine de Brabant' o la de flor de color púrpura violeta de leve aroma 'Zigeunerknabe'.

86. Rosales Centifolia: Me han dicho que los rosales Centifolia tienen flores especialmente nostálgicas y muy densas, ¿es cierto?

Sí, ya lo indica así su nombre: *Centifolia*, es decir, con cien hojas, refiriéndose a sus pétalos. Cabría averiguar si ciertamente tienen siempre cien pétalos, aunque sí es obvio que estos rosales antiguos llaman la atención por sus atractivas flores, muy densas y de perfume dulce y agradable. La gran cantidad de pétalos apenas permite el desarrollo de estambres e influye por lo tanto en su fecundidad; las Centifolias no suelen formar escaramujos. Los rosales de esta clase, que se creó en Holanda en el siglo XVI, ya proceden de complejas hibridaciones. Florecen una única vez al año y su crecimiento es abierto y ligero. Las flores abarcan un espectro de colores que va desde el rosa blanquecino al carmín oscuro.

87. Rosales cubresuelo: ¿Qué son los rosales cubresuelo? ¿Pueden aplicarse para cubrir el suelo del mismo modo que otras plantas?

Al grupo de los rosales cubresuelo, que en la actualidad se denominan generalmente rosales arbustivos pequeños (→ página 65) o rosales tapizantes, pertenecen variedades con formas de crecimiento diferentes: desde muy decumbentes pasando por extensivas y frondosas hasta arqueadas y colgantes. Para cubrir suelos se utilizan principalmente las variedades que desarrollan tallos muy largos y cuyo porte es decumbente. Algunas solo alcanzan una altura de 30-50 cm, como 'Heideröslein Nozomi' o 'Immensee', mientras que otras alcanzan hasta un metro de altura y tienen un porte frondoso. El efecto tapizante de superficies se obtiene mediante una plantación densa. En los jardines particulares, estos rosales resultan ideales para ajardinar pendientes de terrazas, coronaciones de muros o jardines de entrada.

88. Rosales Damascenos: A la hora de buscar rosas de aroma intenso me recomendaron las rosas damascenas. ¿Cuáles son estas rosas?

Los rosales Damascenos pertenecen al grupo de los rosales antiguos. Son originarios de los alrededores de Damasco, la

1 'Boule de Neige' tiene un aroma intenso y remonta si se poda. Forma un arbusto de unos 150 cm de altura, apenas tiene aguijones.

2 'Gruß aus Teplitz' emana un aroma muy especiado. Crece hasta alcanzar 180 cm, también se aplica como trepadora.

3 'Souvenir de la Malmaison' tiene varias épocas de floración. Su aroma es muy dulce y afrutado. El arbusto alcanza una altura de 60-80 cm.

capital de Siria –que significa algo así como «país de las rosas»–, y de ahí les viene su nombre. Al parecer, estos rosales ya se cultivaban hacia el año 1000 a. C. y se consideran una de las formas de las que proceden los rosales paisajísticos europeos. La principal característica de las rosas damascenas es, efectivamente, su aroma intenso y persistente. La mayoría de las variedades forman flores muy densas y son de floración única, salvo si elige la variante refloreciente *Rosa* x *damascena* var. *bifera*. Entre las variedades más populares se encuentran 'Mme Hardy', 'Celsiana' (→ foto página 24) o 'Rose de Resht' (también con foto página 24).

89. Rosales de Austin: En algunas revistas he visto de vez en cuando la denominación «rosal de Austin». ¿De qué rosal se trata?

Los rosales de Austin llevan el nombre de su creador. Este obtentor de cultivares británico comenzó a cultivar rosales en los años 60 del siglo pasado con el objetivo de aunar las ventajas de los rosales modernos, como la floración recurrente y el crecimiento compacto, con el encanto y el aroma de las rosas antiguas. Para ello cruzó rosales arbustivos modernos con antiguos. El resultado fueron rosales arbustivos de tamaño manejable y floración recurrente con rosas de perfume arrebatador y aspecto romántico. Muchas de estas nuevas creaciones tienen la flor de color amarillo, albaricoque o rojo sangre, ampliando así la oferta existente con nuevos colores. Los rosales de Austin fueron bien acogidos a nivel comercial, despertando el entusiasmo de muchos admiradores. Con frecuencia también se denominan «rosales ingleses» (→ página 74).

90. Rosales de ensueño: Hace poco leí en una etiqueta el nombre «rosal de ensueño». ¿A qué rosal hace referencia?

La empresa W. Kordes' Söhne inició en el año 2002 la composición de una colección de variedades de rosales que se comercializan con el nombre *Märchenrosen* (traducido del alemán como rosales de ensueño). Son arbustos especialmente vigorosos, pero el aspecto de sus flores recuerda al de los rosales antiguos y los rosales ingleses, delicadas, nostálgicas y románticas. Forman parte de esta colección variedades de casi todos los tipos de crecimiento, tanto rosales arbustivos, para macizos, injertados, como trepadores. La colección se amplía cada año con nuevos cultivares.

91. Rosales de macizo: ¿Cómo debe ser un rosal para que se considere de macizo?

La gama actual de rosales ya solo se subdivide por las formas de crecimiento (→ página 28).

Al grupo de los rosales de macizo pertenecen variedades que generalmente alcanzan de 40 a 80 cm de altura, a veces también hasta un metro, y cuyo crecimiento es, por lo tanto, bastante compacto. Generalmente están muy ramificados y sus inflorescencias están formadas por racimos de hasta 30 flores. De este modo aportan un denso colorido a grandes superficies. Hay variedades con flores simples, semidobles y dobles en prácticamente todos los colores. Casi todas son de floración recurrente, pero solo unas pocas son perfumadas. Antes, los rosales para macizos y arriates se diferenciaban entre variedades de Polyantha (→ página 78) y de Floribunda (→ página 72). Sin embargo, esta subdivisión ya no se aplica en la actualidad, pues una delimitación clara entre ambas resulta imposible. Su forma compacta de crecimiento hace ideales a estos rosales para ser dispuestos en grupo o en compañía de vivaces en los arriates.

92. Rosales de parque: ¿Cuáles son las particularidades de los rosales de parque? ¿Puedo plantarlos también en mi jardín?

Se denomina así a los rosales arbustivos con carácter de rosales silvestres. Casi sin excepción florecen solo una vez al año y forman vigorosos arbustos que alcanzan entre 150 y 300 cm de altura. Son apreciados por su fácil mantenimiento.

Los rosales de parque también pueden encontrar su lugar en un jardín si se emplazan bien, por ejemplo, para cubrir vallas y formar setos contra las miradas indiscretas.

93. Rosales de patio: **En algunos catálogos de rosales se encuentra un apartado de rosales de patio. ¿Se trata de rosales miniatura?**

Tanto si se habla de rosales enanos, miniatura o de patio, se trata de variedades de crecimiento reducido, que apenas se elevan más de 30-40 cm. Se trata de rosales bien ramificados, compactos, con delicado follaje y de floración abundante. La denominación de rosales de patio procede de Inglaterra y se usaba en un principio para los rosales de escaso crecimiento pero con flores algo más grandes que otros. En muchos países cálidos se cultivaban en macetones en los patios.

94. Rosales de pie medio alto y alto: **En los parques se pueden ver muchos rosales de pie medio alto y alto. ¿Cómo se consiguen estas formas de crecimiento?**

Los rosales de pie se consiguen mediante una intervención artística de jardinería: la variedad injertada no se une al patrón en el cuello de la raíz sino en un tallo leñoso que se ha dejado crecer en forma de tronco. Los rosales de pie medio llevan el injerto a 60 cm de altura, mientras que los de pie alto lo llevan a 90 cm de altura. A partir de ese punto se formará la copa con las flores.

95. Rosales de primavera: **He oído hablar de rosales de primavera que florecen de forma garantizada en mayo. ¿De qué variedad se trata?**

En la década de 1920, Wilhelm Kordes se dedicó a crear rosales de floración especialmente temprana, a los que denominó Rosales de Primavera. Este concepto se emplea en la actuali-

1

'MAIDY'
Este rosal enano no crece más de 35 cm de alto y de ancho. Variedad de incansable floración coontinua.

2

'MANDARIN'
Esta variedad destaca por su extraordinario colorido. Alcanza solo 25 cm. Es adecuada tanto para interiores como exteriores.

3

'NINETTA'
Rosal de patio clásico que se ramifica densamente, por lo que desarrolla muchas flores. Alcanza 30-40 cm de altura.

4

'ORANGE BABYFLOR'
Esta variedad de rosal enano alcanza 30-40 cm de altura. Sus hojas son brillantes. Se recomienda su cultivo en maceta.

5

'PEPITA'
Flores delicadas muy duraderas así como un follaje muy sano son las características de esta variedad, que posee el sello de garantía ADR. Alcanza una altura de 50 cm.

dad para todos los rosales de floración temprana ya comienzan a florecer en mayo, siempre que las condiciones meteorológicas sean normales. Generalmente, se trata de rosales arbustivos de floración única. Muchos provienen del rosal *R. spinossisima*. Algunas variedades populares son 'Frühlingsgold' o 'Maigold', ambas de flor amarilla. Asimismo son rosales de floración primaveral los rosales silvestres *Rosa hugonis*, *Rosa majalis*, *Rosa moyesii* y *R. sericea f. pteracantha*.

96. Rosales enanos: ¿Hasta qué altura se considera un rosal enano?

Los rosales enanos, miniatura o de pitiminí (→ página 75) pocas veces superan los 35 cm de altura. Pero este grupo no solo se caracteriza por la altura que alcanzan las plantas, sino también porque su follaje es más delicado, el tamaño de sus flores es menor y su porte es, en general, muy compacto y ramificado. Son resistentes al invierno y por lo tanto también pueden plantarse en el jardín, si bien cultivados en arriates resultan algo propensos a las infecciones por hongos, por lo que se recomienda su cultivo en macetones u otros recipientes.

97. Rosales Floribunda: En el jardín de mis padres hay rosales Floribunda. Este tipo de rosal apenas se encuentra ya en la actualidad. ¿A qué se debe?

Sí que existen todavía este tipo de rosales, solo que actualmente suelen comercializarse como rosales para macizos (→ página 69). La variedad 'Gruß an Aachen', por ejemplo, se consideraba Floribunda a principios del siglo pasado. Todavía puede encontrarse este tipo de rosal en centros de jardinería especializados en el apartado de rosales para macizos.

En el pasado se denominaba rosales Floribunda a rosales de porte bajo, resistentes al invierno y con flores grandes, con gran parecido con los rosales Híbridos de té. Se diferenciaban de los rosales Polyantha (→ página 78), asimismo de porte bajo, cuyas grandes inflorescencias estaban formadas por muchas rosas pequeñas. Puesto que las diferencias entre ambos tipos se han ido diluyendo debido a las múltiples hibridaciones entre ellos que se han producido a lo largo del tiempo, sus denominaciones han caducado y han sido sustituidas por el concepto aglutinador de «rosales para macizos».

98. Rosales Gallica: **Supuestamente, los rosales Gallica se encuentran entre los más antiguos. ¿Es cierto? ¿Cuáles son sus características típicas?**

Es cierto que el rosal Gallica está considerado como la especie progenitora de los rosales paisajísticos europeos. Su forma primitiva es oriunda del centro y sur de Europa y de Asia Menor. El estudio de sus cromosomas ha demostrado que ha participado en la creación de los rosales Alba, Damasceno y Portland.

Entre sus rasgos característicos figura el embriagador aroma de sus flores y sus vistosos e intensos tonos rosa carmín y violeta púrpura, que con frecuencia suelen ir variando desde que se abre el capullo hasta que se marchita la flor. Los pétalos se enrollan hacia afuera a medida que se abre la flor.

Todas las variedades de rosales Gallica florecen una vez al año y son muy resistentes al invierno. Los arbustos que forman alcanzan aproximadamente 100-120 cm y son relativamente bajos para ser rosales antiguos; sus tallos suelen ser largos y colgantes. En el jardín resultan ideales para formar borduras y setos bajos.

La variedad 'Charles de Mills' tiene una rica floración de color intenso, típico de muchos rosales Gallica, así como un centro partido en cuatro.

99. Rosales Híbridos de té: ¿Qué confiere más categoría a los rosales Híbridos de té?

El primer rosal Híbrido de té (→ página 55) marcó el inicio de una nueva era para los rosales. La aparición en el mercado, en 1867, de la variedad 'La France', cuyos rasgos mostraban notables diferencias con respecto a todas las variedades conocidas hasta el momento, marcó el inicio de la era del rosal moderno. Se trataba de un rosal tan resistente al frío del invierno como los antiguos rosales paisajísticos europeos con la característica típica de los rosales chinos (→ página 83) de tener una floración recurrente.

Los rosales Híbridos de té destacan por sus flores dobles y elegantes dispuestas sobre tallos largos –generalmente en solitario–, cuyo momento de máximo esplendor se da mientras se abre el capullo. Estas cualidades las hacen ser muy preciadas como rosas de corte. Las hay prácticamente de todos los colores. Todas las variedades tienen varias floraciones al año. Estos rosales alcanzan entre 70 y 120 cm de altura y con frecuencia crecen muy erguidos, por lo que se cultivan también como rosales de pie alto (→ página 70).

100. Rosales Ingleses: ¿Por qué estos rosales reciben el nombre de su lugar de procedencia? ¿En qué se diferencian de otras variedades?

Rosal Inglés es el nombre que se ha generalizado para denominar los rosales del obtentor de cultivares inglés David Austin (→ rosales Austin, página 68). Fue el primero que en la década de 1960 empezó a crear un nuevo tipo de rosales. Sus creaciones destacan por su delicioso perfume y sus flores dobles muy llenas que tienen el aspecto de las rosas antiguas (→ página 63). Pero a la vez son capaces de florecer varias veces, del mismo modo que las rosas modernas (→ página siguiente). Su gama de colores abarca, aparte del rojo y el blanco, el amarillo, el melocotón y tonos rojos cálidos. Los rosales ingleses tienen un crecimiento muy frondoso y forman parte de los rosales arbustivos y de los rosales de macizo.

101. Rosales llorones: Hace poco escuché el término «rosal llorón». ¿A qué rosales se refiere?

Los rosales llorones son rosales formados por una variedad de rosal trepador o tapizante de tallos largos injertado sobre un pie a 140 cm de altura. Sus copas colgantes recuerdan a otras plantas leñosas de forma similar, como el sauce llorón. Este nombre ha sido sustituido por un nombre más adecuado: rosal en cascada (→ página 59). El adjetivo *llorón* se puede asociar a la tristeza o a plantas para adornar tumbas y eso no tiene nada que ver con los desbordantes mantos de flores de alegres colores que se descuelgan de estos tronquitos.

102. Rosales miniatura: ¿Pueden plantarse los rosales miniatura también en el jardín o solo son adecuados para cultivarse en macetones?

Los rosales miniatura, enanos o de pitiminí (→ página 72) son aptos para su cultivo en el jardín. Proceden de formas originalmente chinas y no suelen alcanzar más de 35 cm de altura. El crecimiento tan bajo y cercano al suelo los hace muy propensos a padecer enfermedades fúngicas, cuyas esporas se encuentran en el suelo y alcanzan fácilmente las hojas a través de las salpicaduras de agua. Con frecuencia solo se desarrollan bien si se pulverizan regularmente con fungicidas. Cultivados en macetas no resultan tan susceptibles a los contagios. Lo cierto es que, por su escaso crecimiento, lo más adecuado, y también lo más habitual, es cultivar esta clase de rosal en recipientes.

103. Rosales modernos: ¿Qué rosales forman parte de los denominados «rosales modernos»? ¿No se trata de una división demasiado dependiente del estilo preferido de una época?

El concepto «rosal moderno» no está relacionado con la moda de un momento, sino que tiene una definición muy clara: la época de los rosales modernos se inicia en 1867, cuando el primer rosal Híbrido de té 'La France' marca un hito al conseguirse un rosal de varias floraciones y a la vez resistente al frío del invierno. Todos los rosales conocidos hasta aquel momento se llamaron desde entonces rosales antiguos. Los rosales modernos se obtuvieron mediante el cruce de rosales de China (→ página 83), que fascinaban a los europeos por tener varias floraciones y habían despertado una verdadera fiebre entre los cultivadores. Los nuevos Híbridos de té lucían además un porte más frondoso y un follaje muy bonito de color verde oscuro. El intenso trabajo de los cultivadores de variedades, que también usaron rosales silvestres de China en sus cultivares, dio como resultado los primeros rosales de flores amarillas y de tonos rojos cálidos, ampliando de este modo el espectro de color de los rosales antiguos con atractivas novedades. Las variedades de los rosales Polyantha y Floribunda, así como los rosales miniatura, enriquecieron la oferta con nuevas formas de crecimiento.

104. Rosales Musgosa: ¿De dónde procede el nombre rosal Musgosa y qué caracteriza a este grupo de rosales?

Los rosales Musgosa forman parte de los rosales antiguos, en concreto de los Centifolia (→ página 66). La forma original de

INFORMACIÓN

Más detalles sobre la historia del rosal

➤ En torno a 1800 llegaron a Europa los primeros rosales de China, que fascinaron a todos por sus múltiples floraciones.

➤ En la primera mitad del siglo XIX se crearon clases de rosales que eran capaces de volver a florecer.

➤ En 1867 salió al mercado la variedad 'La France', el primer Híbrido de rosa de té de varias floraciones.

➤ En 1875 se obtuvo la primera variedad de rosal Polyantha llamada 'Paquerette'.

➤ En 1900 se consiguió con 'Soleil d'Or' la primera variedad con flores de color amarillo.

esta clase, la *Rosa x centifolia 'Musgosa'*, surgió, al parecer, en el siglo XVII por una mutación espontánea de yemas (→ mutación en la página 38). Aparte de las características típicas de los Centifolia, los rosales Musgosa destacan por tener filamentos glandulares a lo largo de los pedúnculos, ovarios y sépalos (→ foto) que le confieren un aspecto musgoso y han determinado el nombre de esta clase de rosa. Según de qué variedad se trate, este recubrimiento «musgoso» puede ser de co-

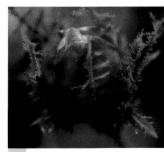

> *Los rosales Musgosa tienen numerosos filamentos glandulares que recubren los pedúnculos, ovarios y sépalos.*

lor verdoso, marrón o rojizo; cuando se toca, destila un aroma balsámico y resinoso que combina de maravilla con la fragancia dulce de las flores, típica de las centifolias.

105. Rosales Noisette: ¿Todos los rosales Noisette son trepadores? ¿Cómo se han formado?

Ciertamente, los rosales de esta clase son casi sin excepción trepadores, al menos todos tienen un crecimiento vigoroso y largos tallos. Algunas variedades incluso se alzan sobre las ramas de árboles. Los rosales Noisette o Noisettianos fueron los que dieron fama a esta forma de crecimiento hasta entonces poco conocida. Sus flores aparecen en repetidas ocasiones a lo largo de la temporada formando grandes ramos. Con frecuencia son de color amarillo o melocotón. El primer rosal Noisettiano fue obra de un cultivador de arroz de Carolina del Sur, EE. UU., a principios del siglo XIX, que estaba experimentando con rosales de China. El prometedor plantón obtenido de una semilla se lo pasó a su vecino Phillipe Noisette, que se ocupó de su posterior multiplicación. En 1814 envió los primeros resultados de su cultivar a París, donde se inició su comercialización con el nombre de rosal de Noisette.

106. Rosales nostálgicos: ¿Los rosales nostálgicos son un grupo de variedades o se trata de un concepto que define el estilo del rosal?

Ambas cosas. Con frecuencia se lee la expresión «rosa nostálgica» en revistas y folletos comerciales. Cualquier cultivador puede hacer uso de ese calificativo, pues no está protegido. Se trata de rosales modernos de varias floraciones que, por la forma y el encanto de sus flores, recuerdan a los rosales antiguos. Con frecuencia su aroma también es similar al de los rosales predecesores en los que se han inspirado sus creadores. Sin embargo, a diferencia de los rosales antiguos, los rosales nostálgicos pueden formar parte de diferentes clases, pudiendo ser rosales paisajísticos o trepadores, así como Híbridos de té y arbustivos.

La empresa Tantau tiene una colección propia que comercializa con el nombre de «Rosales Nostalgia» y que incluye variedades de los diferentes tipos descritos. Como abanderada de los rosales que llevan este calificativo, Tantau lanzó al mercado en 1995 la aclamada variedad 'Nostalgie'. Otras variedades famosas de rosales Nostalgia son 'Augusta Luise', 'Bernsteinrose' y 'Gartenträume'. Los nombres de las variedades están registrados, pero el nombre de la colección no.

107. Rosales Polyantha: Los rosales Polyantha se han plantado siempre en grandes parterres de rosales. ¿Es posible plantarlos en un arriate junto a plantas vivaces?

Los grandes parterres de rosales con flores de un solo color estuvieron de moda en las décadas de los años 50, 60 y 70 del siglo XX. Sin embargo, los rosales Polyantha son ideales para crear composiciones, no solo con otros rosales, sino también con plantas vivaces y flores de verano. Los rosales Polyantha siguen plantándose en grupos de dos o tres ejemplares, pues de este modo aún se acentúa más la intensidad de su colorido, pero generalmente se integra estos grupos en conjuntos de plantas combinadas. Los grandes ramos de los rosales polyantha formados por hasta 30 flores pequeñas a medianas y su crecimiento bajo los hacen idóneos para macizos y arriates.

108. Rosales Portland:
¿Es cierto que, aunque pertenecen al grupo de los rosales antiguos, los rosales Portland se quedan relativamente pequeños y florecen dos veces al año?

Es cierto que con una altura que ronda el metro resultan bastante bajos para ser rosales antiguos. Su aspecto compacto se ve reforzado por la densa ramificación de los arbustos y los cortos tallos de las flores, que parecen estar posadas sobre las hojas. Los rosales Portland tienen

Una característica típica de las rosas Polyantha –en la foto, rosas de la variedad 'Katharina Zeimet'– son los densos racimos formados por numerosas flores.

una segunda época de floración en otoño. Los expertos no se ponen de acuerdo sobre si esa característica se debe a que uno de sus ancestros es el rosal damasceno de floración otoñal (*R. x damascena* var. *bifera)* o si los rosales de la China tuvieron que ver en la creación de los rosales Polyantha. Las primeras variedades se crearon en torno a 1800. Heredaron de la *Rosa gallica* su embriagadora fragancia y los tonos intensos de rosa carmín de las flores. Su nombre se lo debe a la leyenda que cuenta que fue la duquesa de Portland la primera en traer un ejemplar a Inglaterra. Algunas variedades muy populares todavía en la actualidad son 'Comte de Chambord' o 'Mme Moll'.

109. Rosales remontantes: ¿Cuáles son las características típicas de los rosales remontantes, aparte de su capacidad de reflorecer?

Los rosales remontantes suponen el eslabón que une los rosales antiguos con los modernos Híbridos de té. Estos grandes rosales arbustivos son muy resistentes a las heladas. Su rasgo identificador son sus flores enormes, redondas, muy densas y de agradable aroma y además son remontantes (→ página 42). Algunas variedades incluso tienen varias floraciones. Entre los colores de las flores predominan los tonos oscuros de rosa carmín y los rojos intensos. Si bien se cultivaron muchas variedades con especial atención a la flor para ser exhibidas en exposiciones, los rosales remontantes se convirtieron en uno de los tipos de rosales más preciados hacia 1900. Por desgracia, tienen un follaje bastante propenso a padecer enfermedades. Las primeras variedades se crearon ya en la primera mitad del siglo XIX a partir de muchos grupos de rosales.

110. Rosales Romantica: ¿Qué significa si el nombre de la variedad de un rosal lleva además el calificativo *Romantica*?

«Romantica» es el nombre de una marca registrada. Desde los años 80 y 90 del siglo XX, el cultivador francés Meilland comercializa con este nombre cultivares nuevos que recuerdan a los rosales antiguos con sus nostálgicas formas de flores. La gama incluye tanto rosales para macizos e Hibridos de té como trepadores y arbustivos. Algunas variedades muy conocidas de esta colección son, por ejemplo, el rosal arbustivo 'Edenrose 85', el rosal paisajístico 'Leonardo da Vinci' o el rosal trepador 'Kir Royal'.

111. Rosales románticos: ¿Qué criterios debe cumplir un rosal para que se considere romántico?

El nombre «rosal romántico» no está protegido. Se aplica para calificar variedades modernas de varias floraciones con rosas muy densas, con frecuencia partidas en cuatro y con formas nostálgicas de globo o roseta, las cuales transmiten un encanto especialmente romántico. Con frecuencia también tienen un perfume similar al de las rosas antiguas. Pueden pertenecer a diferentes clases. Con el mismo significado suele usarse la expresión «rosal nostálgico» (→ página 78).

112. Rosales sarmentosos: ¿En qué se diferencian los rosales sarmentosos de otros rosales trepadores?

Los rosales sarmentosos forman tallos más blandos, flexibles y, con frecuencia, muy largos. Muchas variedades de esta clase son de crecimiento vigoroso, como 'Bobbie James', 'Kiftsgate', 'Paul's Himalayan Musk' o 'Rambling Rector'. Son capaces de elevarse hasta 10 metros y pueden enredarse fácilmente en las copas de los árboles, pero también se usan como recubrimiento vegetal de pérgolas, pabellones o grandes arcadas en el jardín. La mayoría solo florece una vez al año, pero con gran profusión de flores dispuestas en grandes ramos y a lo largo de muchas semanas.

113. Rosales silvestres: ¿Después de varios siglos de cultivo intensivo de los rosales todavía existen rosales silvestres verdaderos?

Son conocidos como rosales silvestres todas las especies de rosales naturales, como la *Rosa canina*, la *Rosa rugosa* y la *Rosa majalis*. Estas formas originarias siguen existiendo a pesar de todas las hibridaciones y cultivares y aún se hallan en la naturaleza, donde se multiplican por semillas. No obstante, con frecuencia se pueden encontrar variedades de rosales silvestres, es decir, descendientes obtenidos por multiplicación vegetativa, con características específicas. Por ejemplo, la *Rosa arvensis* tiene una forma con flor doble que se comercializa con el nombre de *R. arvensis* 'Plena'.

114. Rosales tapizantes: ¿Qué es realmente un rosal tapizante? ¿Cómo puede aplicarse este tipo de variedades en un jardín familiar?

Los rosales tapizantes reciben con frecuencia el nombre de rosales arbustivos pequeños (→ página 65). En el pasado también se habían denominado rosales cubridores del suelo. Esta clase de rosales es la más heterogénea, pues incluye muchos tipos de crecimiento. Las diferentes variedades de este grupo incluyen rosales de porte muy bajo y decumbentes a muy frondoso y colgante, con flores simples, semidobles y dobles, con una sola época de floración al año o reflorecientes. Pueden alcanzar entre 50 y 120 cm de altura. En común tienen, tal como indica su nombre, el uso tapizante que se hace de ellos. Ya sea para cubrir suelos o para conseguir volúmenes muy compactos, al aplicar estas variedades muy ramificadas y de crecimiento extensivo se forma rápidamente una superficie tapizada a la vez que se inhibe el crecimiento de malas hierbas. En los jardines particulares se usan para decorar pendientes de terrazas, para que se descuelguen por muros, aporten un aire rústico a los rincones o iluminen con su denso colorido los arriates. Los rosales de este tipo no injertados también prosperan bien en macetas.

115. Rosales trepadores: ¿Los rosales trepadores trepan como otras plantas trepadoras?

Los rosales trepadores son capaces de elevarse con la ayuda de sus aguijones y de una densa ramificación apoyándose, por ejemplo, sobre las ramas de otras plantas. Pero es cierto que no desarrollan órganos adherentes, que se enrosquen o de suje-

Los rosales silvestres europeos, en la foto la Rosa rubiginosa, tienen las flores de color rosa claro u oscuro o blanco.

He aquí la flor del rosal injertado 'Frederic Mistral', herencia de los rosales silvestres con flores de color rosa.

ción como las verdaderas plantas trepadoras. Los rosales que
crecen hacia lo alto se subdividen en sarmentosos (→ página 81) y trepadores (→ página anterior). Los rosales sarmentosos son capaces de alcanzar copas de árboles por ellos mismos,
los trepadores siempre requerirán una ayuda para sujetarse.

116. **Rosas de China:** **En la literatura especializada
se mencionan con frecuencia las rosas
de China. ¿De qué tipo de rosas se trata?**

En torno a 1800 llegaron a tierras europeas los primeros rosales
de China. Se trata de rosales paisajísticos que llevaban cultibán-
dose desde hacia siglos. Los rosales chinos introdujeron no solo
una planta de fascinante floración duradera y grácil porte sino
también el color rojo puro, que era desconocido. Por desgracia,
se observó que la mayoría de las variedades no eran lo suficientemente robustas para resistir los inviernos de Europa. Aun así,
se hibridaron con los rosales paisajísticos europeos, de modo
que suponen una de las bases de la oferta actual de rosales.

117. **Rosas de color rosa:** **¿Por qué hay tantas
variedades de rosales de color rosa?**

No es casualidad que el color y la planta coincidan en el nombre (el nombre botánico del género es *Rosa*), pues tanto los
rosales silvestres europeos como los rosales paisajísticos antiguos tenían las flores de color rosa, salvo unas pocas excepciones cuyas flores eran blancas. Esta herencia sigue teniendo su
peso en la actualidad. Hasta pasado 1900 no se amplió la
oferta de rosales modernos mediante el cruce con rosales con
flores de otros colores que procedían de otros lugares del
mundo para obtener flores de tonos amarillos y rojos cálidos
y también naranjas y melocotones. La impresión de que predominan las rosas de color rosa puede también deberse a que
existen numerosísimas tonalidades de este color, la gama
abarca desde los tonos casi blancos con un ligero halo rosa,
pasando por los rosas pastel, caramelo y magenta, hasta los
intensos tonos púrpura y carmín ya cercanos al rojo.

118. Rosas de corte: ¿Qué rosales paisajísticos son los más adecuados para obtener rosas de corte? ¿Hay diferencias en cuanto a su duración en el jarrón con agua?

Las flores individuales dispuestas en largos tallos de los rosales injertados son las más idóneas como flor de corte (→ página 144). El cultivo de rosales de corte con fines comerciales se concentra prácticamente en este tipo de variedades. Sus largos tallos las hacen más fáciles de embalar, agrupar y transportar. Pero numerosas rosas de corte se producen en países exóticos o se cultivan en ambientes controlados en invernaderos, por lo que muchas de las variedades de rosas de corte que podemos adquirir en las floristerías no resultan adecuadas para su cultivo en nuestro jardín.

Eso no significa que no haya rosas cultivadas en el jardín que puedan servir de ornamento en un florero. Con un tallo de un rosal de macizo o un rosal tapizante densamente ramificado podemos preparar un arreglo floral atractivo para un jarrón. También resultan preciosas las rosas muy densas de los rosales antiguos o de los ingleses, así como otros cultivares de rosas románticas. Si las rosas de los Híbridos de té son especialmente bonitas mientras van abriéndose, estas desvelan sus encantos día a día. Todas las rosas aguantan bien bastantes días en el florero si la estancia no es demasiado cálida. Además, aplicando algunos trucos (→ página 145), podrá conseguir que se mantengan estupendas durante más tiempo.

119. Rosas verdes: Hace poco vi una fotografía de una supuesta «rosa verde». ¿Se trata realmente de una rosa?

Sí, este rosal recibe el nombre botánico *Rosa chinensis* 'Viridiflora', si bien las pequeñas flores verdes en realidad son brácteas que se han desarrollado a partir de hojas. Tienen los bordes laciniados y a medida que van madurando se tiñen de color rojo parduzco, por lo que la flor tiene un aspecto algo desaliñado. El aroma de las flores recuerda a la canela y el clavo. Las rosas verdes no forman escaramujos.

120. *Roses des peintres*: ¿Qué son las rosas de los pintores? ¿Dónde pueden adquirirse?

En los siglos XVII y XVIII las rosas eran un motivo muy popular en los cuadros de bodegones. Puesto que en aquella época estaban muy de moda las densas centifolias, sus retratos eran muy frecuentes y por ello recibieron el nombre de *Roses des peintres*, en español, rosas de los pintores. Actualmente, el cultivador francés de rosales Henri Delbard comercializa una colección de rosales de flores de varios colores cuya gama rememora las obras de los pintores impresionistas y por ese motivo se han comercializado con el nombre de *Roses des peintres*. Las diferentes variedades llevan nombres de pintores famosos, como 'Paul Cézanne', 'Claude Monet' o 'Henri Matisse'. Las rosas de los pintores pueden encontrarse en viveros especializados en rosales con una buena oferta de diferentes variedades.

> ¿Se trata de una broma de la naturaleza? La rosa verde (R. chinensis 'Viridiflora') «florece» desde finales de mayo hasta noviembre.

121. Sinónimos: Hay rosales que se encuentran en los comercios con diferentes nombres. ¿A qué se debe?

Los distintos nombres usados para la misma variedad de rosal se explican en relación con la popularidad internacional que tenga. Muchas variedades se han lanzado al mercado en diferentes países donde se comercializan con frecuencia con otros nombres más adaptados a la lengua del país. Para identificar los rosales silvestres se pueden encontrar numerosos sinónimos, pues según la zona o la lengua se conocen bajo diferentes nombres.

122. Trepadores de árboles: Me gustaría dejar crecer un rosal trepador por encima de un antiguo manzano. ¿Qué variedades son las más adecuadas?

Para acometer esta tarea, es conveniente que elija un rosal sarmentoso (→ página 81) de crecimiento vigoroso como 'Bobby James', 'Kiftsgate', 'Paul's Himalayan Musk', 'Rambling Rector' o 'Venusta Pendula'. Si el árbol no es muy alto, también puede considerar las siguientes variedades: 'Alberic Barbier', 'Chevy Chase' o 'Seagull'. Plante el rosal a aproximadamente un metro del tronco del árbol y guíe las ramas del rosal con cuerdas, una escalera o alambres hasta las ramas inferiores de la copa del árbol. A partir de ahí el rosal sarmentoso trepará por las ramas con la ayuda de sus tallos llenos de aguijones.

123. Variedades de rosales: ¿Cuántas variedades de rosales existen en la actualidad?

Nadie es capaz de decir con exactitud cuántas variedades de rosales hay realmente pues se cultivan en todo el mundo y cada año se añaden variedades nuevas. Los expertos estiman que la cifra actual se encuentra entre unas 30 000 y 50 000 variedades (aunque, hablando con propiedad, hay que decir que estas cifras son la suma de especies y variedades del género Rosa).

124. Variedades para macetones: Me gustaría tener rosales en el balcón. ¿Qué variedades son las más adecuadas para el cultivo en macetones?

Cuando se pretende cultivar rosales en macetas es fundamental adaptar el recipiente al desarrollo de las raíces de la variedad elegida.
Es posible cultivar en macetones incluso rosales arbustivos o trepadores siempre que el recipiente ofrezca suficiente

espacio para la tierra y se cuide adecuadamente la planta aportándole el agua y los nutrientes necesarios. Puesto que los rosales tienen raíces profundas (→ página 41), es conveniente que el recipiente tenga una forma más bien alta y alargada, con una altura mínima de 40-50 cm. Es evidente que cuanto más pequeño sea el rosal menos problemático será su cultivo en maceta. Los rosales enanos o de pitiminí pueden incluso plantarse en las jardineras del balcón. Muchos rosales Híbridos de té así como la mayoría de rosales para macizos y los rosales tapizantes son adecuados para su cultivo en macetones. Es conveniente usar rosales tapizantes de raíz propia pues sus raíces son más superficiales.

VARIEDADES DE ROSALES PARA MACETONES

NOMBRE CLASE DE ROSAL	ASPECTO
'Aspirin Rose' rosal tapizante	Flores de color blanco (con un halo rosa) de aspecto similar a las rosas injertadas, porte expandido y péndulo, altura entre 50 y 70 cm.
'Bonica' rosal paisajístico	Flores dobles de color rosa claro dispuestas en ramilletes; crecimiento frondoso, ligeramente péndulo, alcanza 60-80 cm de altura.
'Leonardo da Vinci' rosal tapizante	Flores de color rosa oscuro, muy densas, partidas en cuatro al estilo de las rosas antiguas, porte erguido, alcanza 50-80 cm.
'Mary Rose' rosal inglés	Flores de color rosa intenso, muy densas, ligeramente fragantes, porte erecto, 120-150 cm.
'Rose de Resht' rosal antiguo	Flores de color rosa carmín, muy densas, pequeñas, aroma intenso, porte frondoso y extendido, alcanza 80-100 cm de altura.
'Super Excelsa' rosal trepador	Flores pequeñas de color rosa carmín dispuestas en grandes ramilletes, alcanza 200-400 cm de altura.
'The fairy' rosal tapizante	Flores de color rosa claro, muy densas y pequeñas, dispuestas en grandes ramilletes, alcanza 50-70 cm de altura.

Dónde y cómo plantar los rosales

La condición fundamental para que un rosal crezca sano es plantarlo correctamente en un emplazamiento adecuado. En este capítulo obtendrá información sobre las necesidades de los rosales en cuanto a la luz, el emplazamiento y el terreno.

125. Agotamiento del terreno: Tenía un rosal trepador que ha muerto. Ahora querría plantar uno nuevo en su lugar pero he oído que no es posible debido al agotamiento del terreno. ¿Es eso cierto?

Es cierto. El nuevo rosal plantado en el mismo lugar solo crecería, si es que prospera, de forma muy mermada. Este fenómeno, específico de los rosales, se denomina agotamiento del terreno y sus causas todavía están por aclarar. Siempre que se planta un rosal en el lugar donde anteriormente había estado otro se aprecia un desarrollo poco vigoroso, la planta parece deprimida e incluso puede morir. También se denomina enfermedad de la replantación. Se cree que se debe a unas sustancias particulares que segregan las raíces del rosal y que interactúan con las bacterias de la tierra y los nematodos. Este mismo problema se da a veces incluso en lugares donde antes habían estado plantadas otras rosáceas, como manzanos, perales o fresales.

Sin embargo, es posible evitar este problema si se realiza un cambio de tierra en profundidad. Para ello cave un hoyo de al menos 70 cm x 70 cm de ancho y 70 cm de profundidad y rellénelo con tierra nueva.

126. Adquisición de rosales: Estoy buscando dos variedades de rosal en concreto pero no consigo encontrarlas en ningún centro de jardinería ni vivero de los alrededores de mi domicilio. ¿Cómo puedo conseguirlas?

No es raro que a veces resulte difícil encontrar variedades especiales o más raras entre la oferta de los establecimientos de una zona. La gama de variedades que habitualmente se encuentra en los centros de jardinería se limita –por una cuestión de espacio– a las variedades y los colores más populares. Si se desea adquirir rosales especiales, como variedades más antiguas, rosales históricos o ingleses, hay que dirigirse a viveros especializados en rosas, tiendas especializadas o cultivadores de rosales, donde la oferta es mayor.

Muchos también envían los rosales a jardineros aficionados en todo el territorio nacional o incluso al extranjero si se corre con los gastos de envío. Muchas de estas empresas muestran en internet un catálogo de las variedades que tienen y ofrecen la opción de adquirirlas.

En el anexo de este libro encontrará algunas direcciones útiles.

127. Almacenamiento de los rosales: ¿Cómo debo almacenar los rosales que no puedo plantar inmediatamente después de haber recibido mi pedido?

Todos los viveros que envían pedidos embalan las plantas de forma muy profesional, de modo que pueden pasar unos días en la caja sin que les ocurra nada. La única condición es que estén en un lugar fresco, que no hiele y que esté a la sombra. También hay que tener en cuenta que no es lo mismo si se trata de rosales jóvenes con la raíz desnuda, que se envían de octubre a mayo, o si son rosales en contenedor, que suelen enviarse de mayo a septiembre u octubre.

➤ Si una vez recibidos los rosales no puede plantarlos enseguida, abra las cajas lo antes posible para que la planta reciba aire.

➤ Los ejemplares de raíz desnuda suelen llevar una película de protección alrededor de las raíces. Déjesela puesta de momento excepto si es de material plástico (¡Eliminar siempre las envolturas de plástico inmediatamente!).

➤ Deje las plantas en un lugar donde no hiele, que sea fresco (máximo 10 ºC), seco y oscuro y aguantarán en torno a una semana sin que las plante. Lo más importante es que no estén en contacto con la luz ni el agua para que no empiecen a echar brotes antes de hora. Deben permanecer en estado latente.

➤ Si pasa más de una semana sin que se haya plantado, es recomendable colocar la planta en tierra suelta y húmeda o en un cubo con agua.

➤ Las plantas en contenedor con hojas deberán sacarse del embalaje lo antes posible para que las hojas puedan asimilar nutrientes.

➤ Antes de plantar las plantas en el jardín, también es posible cultivarlas sin problemas durante varias semanas en maceta hasta que hayan crecido tanto que se les quede pequeña.

128. Anegar: Cuando se acaba de plantar un rosal debe regarse a fondo. ¿Cuál es la cantidad correcta de agua que hay que aplicar?

Después de introducir una planta en la tierra debe regarse no solo para aportarle agua, sino, sobre todo, para conseguir que las raíces agarren bien. El objetivo es que el agua arrastre la tierra y rellene los posibles huecos que se han formado al haber cubierto las raíces con la tierra. Para ello usaremos la regadera sin la boquilla de ducha o colocaremos una manguera de jardín en el hoyo preparado para plantar el rosal y dejaremos fluir el agua con un chorro generoso.

Es conveniente regar tres o cuatro veces seguidas de este modo: primero se aplica la cantidad suficiente de agua para que el hoyo se anegue, luego se espera hasta que la tierra haya chupado el agua antes de repetir el proceso.

129. Aporcar: Si se suele aporcar para proteger la planta durante el invierno, ¿para qué se aporca tras la plantación en primavera?

Al plantar rosales (→ página 116) en primavera, se termina con el aporcado (arrimar tierra al tallo) con el fin de proteger los tallos de la evaporación. Hasta que los rosales no hayan formado raíces en el nuevo emplazamiento resulta difícil conseguir la hidratación de los tallos. Aunque en este estadio las plantas carezcan de hojas, pierden humedad a través de los tallos. La protección contra la pérdida de agua

Si aporcamos tierra alrededor de un rosal después de haberlo plantado, disminuye la evaporación. En los años venideros el aporcado servirá como protección contra las heladas.

por evaporación resulta una medida eficaz para procurar un buen desarrollo a la planta, sobre todo en primavera, cuando comienzan a subir las temperaturas y aumenta la incidencia solar. Las fuertes oscilaciones entre las temperaturas diurnas y las nocturnas, tan frecuentes en esta estación del año, afectan mucho a los rosales (consultar las medidas para la protección invernal en la página 185).

130. Arco de rosales: Quiero formar un arco con rosales. ¿Cómo debo proceder?

En primer lugar ancle bien la estructura en el terreno. Lo ideal es preparar pequeñas cimentaciones en ambos extremos, pues más adelante deberá soportar la fuerza del viento y el peso de las plantas. Una vez finalizados estos trabajos, se plantará el rosal o los rosales. Entiérrelo ligeramente inclinado respecto al suelo (→ plantar rosales en la página 118) y así crecerá desde el principio en la dirección correcta. De este modo resultará más fácil sujetar los tallos a la estructura en el futuro.

131. Bentonita: Me recomendaron añadir bentonita en el momento de plantar el rosal. ¿De qué se trata y qué efecto tiene?

La bentonita es la molienda de un árido que se usa para mejorar suelos arenosos. Se añade a la tierra extraída del suelo y con la mezcla se rellena el hoyo una vez colocada la planta. La bentonita puede adquirirse en comercios especializados y produce los siguientes efectos ventajosos:

➤ Aumenta la capacidad de retener agua de los suelos arenosos, que de otro modo son muy permeables. El agua del suelo permanece más tiempo disponible para las raíces de los rosales.

➤ También liga mejor los nutrientes, de modo que no se lixivian tan rápido. Esto mejora considerablemente el estado nutricional de los rosales, que necesitan muchos nutrientes, pues de otro modo perecen fácilmente en suelos arenosos.

132. Bulbos de flor: ¿Es posible combinar rosales con bulbos de flor? ¿Cuáles son los más indicados?

Un acompañante clásico del rosal entre las flores de bulbos y tubérculos son las azucenas. Ya en los jardines clásicos de los conventos y las casas de labranza las azucenas y los rosales eran una combinación clásica. Los blancos *Lilium candidum* y los *Lilium regales* quedan bien con todos los rosales, incluso con los rosales antiguos de una sola floración anual, pues se reparten la época de floración. Los numerosos híbridos de la azucena suelen florecer generalmente más tarde. Con los rosales modernos de varias floraciones forman composiciones de gran colorido.

Una combinación más exótica, pero igualmente atractiva, es la de dalias de floración otoñal con rosas de larga floración. En este caso es importante mantener distancias de al menos 50 cm entre ejemplares. Los tubérculos de las dalias no resisten el invierno y deben desenterrarse al empezar las primeras heladas, guardarse durante el invierno y no volver a enterrar hasta la siguiente primavera. Si se plantan demasiado cerca de los rosales, se pueden dañar las raíces de estos cada vez que se entierre y desentierre la raíz de la dalia.

Los arriates con rosales quedan muy bonitos si contienen plantas bulbosas de floración temprana pues aportan notas de color ya a partir de febrero haciendo más agradable la espera antes de que florezcan los rosales.

133. Calidad: ¿Qué debo tener en cuenta a la hora de comprar rosales?

➤ Que las raíces sean fuertes y no estén dañadas. Solo unas raíces saludables y vigorosas garantizan un buen agarre y desarrollo de la planta.

➤ Los tallos aéreos deben tener un aspecto fresco, verde y prieto. Si la capa superior de la corteza tiene ranuras longitudinales se puede deducir que ha encogido debido a una escasez de agua durante su almacenamiento.

134. Calor: ¿Es el calor un factor determinante para el desarrollo de los rosales o se trata solo de la insolación? **?**

Los rosales necesitan la luz solar para la asimilación de los nutrientes, es decir, para transformar la energía externa en energía propia en forma de hidratos de carbono. El calor acelera estos procesos del desarrollo.

En los emplazamientos cálidos, los rosales brotan antes y florecen también más pronto que en los lugares fríos. Basta comparar el inicio de la época de floración en zonas cálidas con el de zonas más frías de montaña. Asimismo, la época de floración dependerá de la climatología de cada año. Las primaveras cálidas anticipan la floración mientras que las frías la retrasan. En regiones frías estimulará el desarrollo de su rosal si lo emplaza en lugar resguardado, como un patio trasero o delante de un seto que frene el viento. Ahora bien, tampoco vale eso de que «cuanto más mejor», pues si se exagera el resultado es contraproducente. En los lugares con veranos muy calurosos los emplazamientos

Las azucenas combinan bien con los rosales, tanto desde el punto de vista estético como por su perfume.

muy resguardados no son adecuados, pues delante de los muros se acumula un calor excesivo para los rosales. Además, la necesidad de calor y la resistencia al mismo dependen de la variedad. Muchas variedades, como las de los rosales Noisettianos, solo prosperan bien en zonas más templadas, pues es ahí donde obtienen la cantidad de calor requerida.

135. Calor del mediodía: A los rosales les gusta estar al sol, pero también se dice que el sol del mediodía les perjudica. ¿En qué quedamos entonces?

Los rosales prefieren, salvo contadas excepciones, un emplazamiento soleado. Pero también es cierto que el sol tórrido de mediodía puede resultar perjudicial para los rosales.

➤ Sobre todo las rosas de color rojo sufren con frecuencia quemaduras (→ página 196) bajo el sol del mediodía en pleno verano, que producen feas manchas de color en los pétalos.

➤ Los rosales fragantes desprenden su aroma con demasiada rapidez cuando hace mucho calor.

➤ Aparte de esto, todos los rosales padecen mucho al sol del mediodía si están delante de edificios o de muros que miran al sur, que frenan el aire y se calientan mucho debido a la radiación solar, pues reflejan a la vez luz y calor. En estos emplazamientos se acumula mucho el calor, lo que tiene como consecuencia que los rosales se vuelvan más susceptibles a las enfermedades y las plagas. Por ejemplo, la araña roja (→ página 192) se propaga mucho en estas condiciones.

136. Cepellón enraizado: He comprado un rosal de contenedor. Al ir a plantarlo, el cepellón se ha deshecho pues las raíces no estaban bien agarradas. ¿Es posible hacer una reclamación?

Los viveros de rosales introducen, hacia finales de la temporada de plantación, ejemplares de raíz desnuda en macetas

para que arraiguen y se puedan vender posteriormente como rosales de contenedor. Si ha adquirido una planta de este tipo, recién enmacetada, no importa, pues en ese momento todavía no habrá brotado y podrá plantarla como si fuera un ejemplar a raíz desnuda. Se recuperará pronto del retraso de su desarrollo.

Sin embargo, si el rosal lo ha adquirido en verano ya con tallos y hojas debería reclamar el escaso desarrollo de las raíces. Seguramente también se observará esta merma en los tallos y las hojas.

A los rosales les gustan los emplazamientos soleados. Sin embargo, delante de muros expuestos al sol se acumula con frecuencia un calor excesivo que puede resultar perjudicial.

137. Clases de calidad: En un catálogo he visto que hay plantas jóvenes de clase de calidad A y B. ¿Qué son las clases de calidad? ¿Qué diferencia hay entre la calidad de las clases A y B?

Los rosales injertados se comercializan con frecuencia diferenciando dos clases de calidad dependiendo de su aspecto.

➤ Las plantas de la **clase de calidad A** deben ofrecer, además de unas raíces bien desarrolladas, al menos tres tallos vigorosos, dos de los cuales deben salir del punto de injerto.

➤ Los ejemplares de la **clase de calidad B** también deben tener unas raíces bien desarrolladas pero es suficiente que tengan dos tallos vigorosos, que deben salir del punto de injerto.

Un rosal de la calidad de clase A tiene al menos tres tallos y raíces bien ramificadas.

138. Compist:
Tenemos una pequeña montaña de compost en el jardín. ¿Es correcto usarlo para los rosales?

Dicen que el compost es el oro del jardinero y no podría formularse de forma más acertada. Del mismo modo que el compost es beneficioso para plantas vivaces y flores de verano, también estimula el desarrollo de los rosales. Un compost maduro (→ página 143) es el mejor de los abonos y a la vez un mejorador del suelo pues aumenta la proporción de humus de la tierra. Si en el momento de plantar un rosal se añade a la tierra excavada hasta una tercera parte de compost maduro se está ofreciendo a la planta un abonado inicial perfecto. En los años siguientes se aporca compost en invierno y se distribuye en primavera sobre la superficie del suelo que cubre las raíces del rosal. De este modo el rosal dispondrá de todos los nutrientes necesarios para su desarrollo.

139. Comprar rosales: La oferta de rosales es muy amplia y diversa. ¿Cuál es el lugar más indicado para comprar rosales?

➤ Durante las épocas de plantación incluso los supermercados ofrecen con frecuencia rosales a precios muy atractivos, y no hay inconveniente en comprar estos productos siempre que compruebe que están en buen estado (→ el punto sobre calidad en la página 94). Nunca adquiera plantas dañadas ni rosales de raíz desnuda que ya hayan brotado. En estos establecimiento la oferta suele ser muy limitada.

➤ Los centros de jardinería y los viveros tienen una oferta más variada. Se trata de intermediarios que adquieren los rosales habitualmente en grandes viveros de rosas. En estos comercios especializados se supone que se ha procedido de forma profesional para efectuar el transporte, el almacenamiento y el mantenimiento de las plantas.

➤ Una selección importante que incluye incluso variedades menos comunes y clases especiales, como rosales antiguos, se encuentra en comercios especializados en rosas. La mayoría suele enviar sus productos a cualquier destino nacional y a veces también al resto de Europa. En el anexo encontrará direcciones útiles.

140. Crecimiento deficiente: En un arco sustituimos hace dos años un rosal trepador ya muy anciano por otro nuevo que está creciendo sin vigor. ¿Nos hemos equivocado de variedad?

Seguramente no es cuestión de la variedad. Más bien parece que se trata del fenómeno del agotamiento del terreno (→ página 90). Siempre que se planta un rosal donde antes había crecido otro rosal u otra rosácea, se observa un crecimiento deficiente, que puede incluso producir la muerte de la planta. Si no tiene un emplazamiento alternativo, la única solución es cambiar una cantidad abundante de tierra cuando quiera plantar de nuevo un rosal.

141. Crecimiento sin vigor: Hace unos pocos años que nos mudamos a una urbanización de nueva construcción. La mayoría de las plantas que hemos plantado han agarrado bien, sin embargo, los rosales no crecen con vigor. ¿A qué se debe?

Si los demás factores del emplazamiento (→ página 102), como el tipo de tierra, la luminosidad, etc. son los adecuados, el crecimiento deficiente de su rosal puede deberse a que una capa del suelo está compactada. En los terrenos de obras nuevas no suele ser infrecuente. El constante paso de la maquinaria pesada de obra durante los trabajos por encima del terreno lo comprime mucho y acaba compactándolo. Una vez terminadas las obras de las casas, a veces solo se añade en la superficie una capa de tierra cultivable. Para las plantas vivaces y las flores anuales o bianuales es suficiente un horizonte de tierra de 30 cm de profundidad. Sin embargo, los rosales tienen raíces que crecen en profundidad (→ página 41) e intentan abrirse paso hacia capas más profundas. Los horizontes compactados suponen una barrera infranqueable para las raíces y pueden producir un crecimiento deficiente. Con frecuencia, también son responsables de que se formen bolsas de agua acumulada por encima de estas capas comprimidas, lo que asimismo resulta mortal para las raíces del rosal.

142. Distancias entre ejemplares en un arriate: ?
Si planto rosales en grupo en un arriate o junto a otras plantas, ¿cuál es la distancia que debo mantener entre los ejemplares?

➤ Para las combinaciones de plantas se utilizan principalmente rosales de macizo. Si solo va a plantar rosales, la distancia entre cada ejemplar deberá ser de 30-40 cm; si las variedades son de crecimiento grande también puede dejarse 50 cm entre ejemplares. Por lo tanto, hacen falta entre seis y ocho plantas (de tres a cinco, si son rosales más grandes) por metro cuadrado para conseguir una superficie bien cubierta. Si la intención es combinar los rosales con vivaces y flores de verano, dependerá también del tamaño que alcanzan las otras plantas. Si se trata de plantas que, al igual que los rosales, no se elevan más de la altura de la rodilla, pueden aplicarse las mismas distancias que entre rosales. Sin embargo, si se trata de vivaces de porte más extendido, como las candelillas o los girasoles de varios años, se requiere una distancia mayor entre las plantas.

➤ Para los **rosales injertados** dispuestos en arriates combinados, se recomienda una distancia de 50-60 cm.

➤ Los **rosales arbustivos**, que también quedan muy bien en composiciones de diferentes plantas, deberán disponerse a la distancia que corresponda según el tamaño de cada planta. Dentro de este grupo encontramos variedades de porte rígido y erecto así como colgantes que forman grandes arcos y llegan a medir un metro y medio de ancho. Aquí también habrá que calcular las diferentes distancias que hay que guardar entre distintos ejemplares para que cada uno pueda desarrollar su porte característico. Infórmese del tamaño definitivo de cada planta antes de plantarla.

143. Distancias entre rosales y otras leñosas: ¿Puedo plantar rosales junto a otras plantas leñosas? ¿A qué distancia?

Depende de qué planta se trate. De entrada, a los rosales no les gusta estar cerca de plantas muy vigorosas, porque no les sienta bien sentir presión en las raíces ni competir por obtener luz y sol con otras plantas. Si se encuentra en composiciones, le gusta asumir el papel protagonista. Tampoco es conveniente plantar rosales debajo de otras plantas leñosas, ni debajo de árboles donde pueda alcanzarle el agua que sigue goteando de las hojas mojadas tras la lluvia (→ página 127), excepto si se trata de los resistentes rosales sarmentosos.

➤ Usar como fondo plantas de seto que permitan podas de formación es una opción que no da problemas. Además, forman un fondo visual perfecto para las coloridas rosas.

➤ Asimismo se consiguen conjuntos muy armónicos combinando rosales en arriates con leñosas enanas o coníferas de porte columnar, pues sus siluetas tienen formas claramente delimitadas y no comprimen los rosales. En este caso también se debe comprobar primero los tamaños definitivos y elegir las distancias entre plantas de modo que todas puedan desplegar sus portes característicos adecuadamente.

➤ Si desea integrar rosales arbustivos para formar un seto florido que se compacte rápido y evitar las miradas indiscretas, es conveniente o incluso imprescindible que las ramas se entrelacen.

144. Embalajes comerciales: Algunos rosales jóvenes se ofrecen con el cepellón pequeño sujeto mediante unos alambres o en macetas de cartón. ¿Qué ventajas ofrecen estos embalajes?

Este tipo de embalaje comercial (→ foto 3, página 121) permite que el rosal –al contrario de lo que ocurre con las plantas comercializadas con la raíz desnuda– desarrolle las primeras raíces absorbentes, pues los cepellones sujetos por alambre o las macetas de cartón contienen tierra. Puesto que el rosal se entierra con el alambre o la maceta, las raíces nuevas no sufren daño alguno y pueden seguir creciendo perfectamente. El hecho de que la planta pueda seguir creciendo en este tipo de presentación permite alargar la época habitual de plantación del rosal hasta entrado mayo.

Además no se requiere realizar poda alguna.

145. Emplazamiento: ¿Cuáles son las características de un emplazamiento óptimo para cultivar rosales?

Un emplazamiento óptimo depende fundamentalmente de dos cuestiones: la luz y la tierra.

➤ **Luz:** un emplazamiento bueno debe ser soleado, luminoso y ventilado. Es mejor un lugar donde corra la brisa que uno demasiado resguardado del viento, como los muros que acumulan mucho calor. Si las hojas se secan rápido después de las precipitaciones serán menos propensas a padecer enfermedades criptogámicas.

➤ **Suelo:** el suelo debe ser rico en nutrientes y humus, ligero y profundo, con un valor de pH en torno a 6,5. Los suelos que no cumplen estas condiciones pueden mejorarse adoptando las correspondientes medidas (→ página 114).

146. Emplazamiento semisombrío: Nuestro jardín de entrada a la casa se encuentra en semisombra y solo le da el sol unas pocas horas por la mañana. ¿Puedo plantar rosales en él?

Se considera un emplazamiento semisombrío aquel que al menos recibe radiación solar directa durante cuatro o cinco horas al día. Esta cantidad de insolación es suficiente para que la mayoría de los rosales puedan prosperar satisfactoriamente, si bien un lugar más soleado proporciona generalmente una floración más intensa y más salud a la planta. Tres horas de sol resulta poco para la exigente reina de las flores. Escoja por ello entre variedades vigorosas resistentes a la sombra, por ejemplo:

➤ **Rosales trepadores**: 'Albéric Barbier', 'Mme Alfred Carrière', 'New Dawn', ' Veilchenblau', 'Zéphirine Drouhin'.

➤ **Rosales arbustivos**: 'Angela', 'Mme Hardy', 'Schneewittchen', 'Vogelpark Walsrode'.

➤ **Rosales de macizo**: 'Bonica 82', 'Maxi Vita', 'Play Rose', 'Rosenprofessor Sieber'.

➤ **Rosales tapizantes**: 'Celina', 'Heideröslein Nozomi', 'Heidetraum', 'Mirato' 'The Fairy'.

➤ **Rosales injertados**: 'Aachener Dom', 'Ambiente', 'Focus', 'The Queen Elisabeth Rose'.

➤ **Rosales antiguos**: variedades de Alba, Damascena y Gallica.

147. Emplazamiento soleado: Siempre se afirma que los rosales requieren un emplazamiento soleado. ¿Cuántas horas de sol determinan que un emplazamiento sea soleado?

Un emplazamiento soleado es aquel que recibe la radiación directa del sol al menos la mitad del día, es decir, seis horas o más. Pero un emplazamiento óptimo para rosales no depende del número de horas de insolación, sobre todo es importante que sea luminoso y que no esté a la sombra de un árbol.

Los lugares en semisombra en el lado este u oeste de edificios también suelen ser adecuados para el cultivo de rosales; a veces, incluso son más indicados que los que miran al sur, pues en estos se acumula mucho calor a mediodía (→ página 96).

148. Emplazamiento ventoso: ¿Toleran los rosales los emplazamientos ventosos o prefieren estar resguardados del viento?

Un buen emplazamiento para un rosal siempre debe estar bien ventilado ya que el movimiento del aire permite que se sequen las hojas rápido después de las precipitaciones, evitando así que contraigan enfermedades de hongos. Por tanto, un emplazamiento ligeramente ventoso es adecuado para un buen desarrollo de la planta. Sin embargo, los lugares expuestos a un viento muy agresivo quedan descartados, pues las hojas y, en particular las flores muy pesadas, se verían fácilmente dañadas. La necesidad de cobijo de un rosal depende del clima de la región y de la variedad elegida.

149. Enfangar: He oído decir que hay que enfangar los rosales después de plantarlos. ¿Qué quiere decir eso exactamente?

Es importante que las raíces de los rosales estén bien en contacto con la tierra para poder agarrarse bien y desarrollarse con vigor. Los espacios huecos que puedan quedar y las bolsas de aire deben rellenarse. Para ello se riega (→ página 92) con una considerable cantidad de agua después de plantar el rosal.

150. Envíos: ¿Los rosales que se envían por correo no corren el riesgo de llegar deteriorados?

Los grandes viveros de rosales que se dedican a vender mercancía por correo embalan los rosales de forma profesional con el fin de que el cliente obtenga su pedido en perfectas condiciones.

Los sistemas de embalaje son muy sofisticados y procuran una buena sujeción a la planta dentro del cartón de modo que no puede moverse, con lo que se evita que se doblen los tallos. Además, la mayoría de profesionales tienen un seguro de transporte para su mercancía cuyo precio está incluido en el precio de venta de la mercancía.

151. Envoltorio de plástico: A veces en supermercados se encuentran rosales en envoltorios de plástico. ¿No resultan perjudiciales para los rosales?

Sí es cierto que a veces se comercializan rosales de raíz desnuda en bolsas de celofán que llevan un poco de tierra. El celofán preserva durante un tiempo la humedad pero las temperaturas dentro de la bolsa son excesivamente cambiantes, lo que puede tener como consecuencia que la planta brote antes de hora o incluso que se forme moho. Si los rosales solo se han almacenado de este modo durante poco tiempo pueden comprarse sin problema. Aun así, compruebe bien su estado de salud. Si las yemas ya han brotado, no los compre.

152. Época de plantación: ¿Es mejor plantar los rosales en primavera o en otoño?

Generalmente se considera el otoño la mejor época de plantación (octubre/noviembre) porque permite que las plantas dispongan todavía de tiempo suficiente para desarrollar raíces en el suelo relativamente cálido y así brotar ya en la siguiente temporada. Siempre que el suelo no esté helado pueden plantarse rosales incluso en diciembre.

Si no ha podido plantar el rosal antes de la llegada de las heladas, entonces déjelo para la primavera (marzo-abril).

Si su jardín tiene la tierra muy pesada y el terreno se calienta con dificultad o si se encuentra en una zona de frecuentes heladas, es preferible que plante los rosales en primavera. Los rosales con cepellón pueden plantarse incluso en mayo y los rosales de contenedor, todo el año menos cuando el suelo está helado.

153. Espaldera al sur: Me gustaría cultivar un rosal sobre una espaldera dispuesta en la pared de nuestro garaje que mira al sur. ¿Es este un lugar adecuado?

En las paredes que miran al sur puede acumularse el calor a mediodía en verano. Los muros absorben el calor y siguen transmitiéndolo a su entorno durante horas. Además, reflejan los rayos de sol, de modo que el rosal se verá expuesto a una luz muy intensa, además de a mucho calor y a sequedad. Estas condiciones son demasiado extremas incluso para una planta tan ávida de sol como el rosal. En estas condiciones prolifera muy bien la araña roja (→ página 192), que aprovecha para asediar a la planta trepadora debilitada.

➤ Procure que la espaldera esté suficientemente despegada de la pared (al menos a 20 cm, aún mejor a 30 cm), de modo que pueda ventilarse por detrás, y riegue lo suficiente el rosal.

➤ Elija variedades resistentes, como 'Super Dorothy', 'Super Excelsa' o 'Rosarium Uetersen'.

INFORMACIÓN

Espalderas resistentes a la carga

Con el tiempo, los rosales desarrollan pesadas ramas leñosas. Por ello es importante que las espalderas sean fuertes. La madera y el metal son materiales resistentes. La madera deberá estar tratada al autoclave y el metal pintado o recubierto, pues de este modo se alarga la vida del material. Además, hay que anclar correctamente la espaldera a varios puntos del muro, pero en ningún caso a las capas exteriores de material aislante.

154. Espaldera: No tengo mucho espacio para adaptar una espaldera a un muro. ¿Cuál es la distancia mínima que debo mantener?

La distancia entre la espaldera y la pared en ningún caso podrá ser inferior a 10 cm, pues de otro modo no se pueden pasar los tallos más gruesos del rosal entre la espaldera y el muro y, además, se entorpecen las labores de poda. Si hay espacio suficiente se recomienda una distancia de 20-30 cm. De este modo se permite una mejor ventilación del follaje y se previene la aparición de enfermedades producidas por hongos o el ataque de insectos dañinos. En los muros que miran al sur, la distancia entre la pared y la espaldera deberá ser de al menos 20 cm.

155. Estacas: ¿Son siempre necesarias las estacas para apoyar los rosales de pie alto?

Los rosales de pie alto requieren una estaca como apoyo porque la copa elevada sobre el tronco alto produce fuertes fuerzas de palanca en caso de viento. Es conveniente clavar la estaca antes de plantar el rosal para evitar dañar las raíces.

➤ Cave, en primer lugar, el hoyo del tamaño adecuado (→ página 109). Para los rosales de tronco alto es mejor hacer el hoyo un poco más grande.

➤ Clave la estaca entre 20 y 30 cm de profundidad hasta que se hunda en el hoyo. Su longitud debe ser suficiente para que,

CONSEJO EXTRA

La dirección del viento Compruebe antes de colocar una estaca para un rosal de pie alto de qué dirección viene principalmente el viento en el emplazamiento previsto. El apoyo y la protección que le confiera la estaca al rosal será más eficaz si se coloca esta delante del rosal en la dirección del viento. De este modo se sujeta el rosal sin que golpee una y otra vez contra la estaca y se evita que sufra posibles lesiones.

una vez hundido en la tierra, todavía alcance la copa del rosal de pie alto.

➤ A continuación, plante el rosal y átelo a la estaca con cuerda u otros sistemas de los que hay en el mercado dando varias pasadas en forma de ocho, al menos una vuelta a la altura de la copa y otra en el tronco a media altura.

156. Flores de verano: ¿Es posible combinar rosales con flores de verano en un arriate?

Esta combinación es motivo de debate una y otra vez. Con frecuencia se dice que las flores de verano, con sus colores brillantes, a veces chillones, no resultan armónicas al lado de los elegantes rosales. Pero esto es, por un lado, cuestión de gustos y, por otro, depende de las especies y variedades que se elija.

➤ Las flores de verano de color azul o blanco, como los cabellos de Venus (*Nigella damascena*) o la salvia farinácea (*Salvia farinacea*), la malva real o la lavatera blanca (*Lavatera trimestris*) y el cosmos (*Cosmos bipinnatus*), quedan bien con todas las rosas.

➤ Entre las plantas anuales también las hay de color rosa, como la lavatera, los cabellos de Venus o el cosmos, que combinan especialmente bien con rosas de color rojo rosáceo o carmín, típicas entre las rosas antiguas.

➤ Las variedades modernas de color amarillo y melocotón resultan atractivas al lado de flores de verano de colores más vivos como la capuchina (*Tropaeolum*), la caléndula (*Calendula*) o las variedades más menudas de tagetes (*Tagetes tenuifolia*).

Por sus necesidades, las rosas y las flores de verano son muy compatibles, pues ambas requieren mucho sol y gran cantidad de sustancias nutrientes para desarrollarse bien. Aun así, es recomendable mantener una cierta distancia entre ellas para evitar molestar o dañar las raíces de los rosales cada vez que se planten o desentierren las plantas anuales o bianuales.

157. Hoyo para el rosal: ¿Qué tamaño tiene que tener el hoyo que debo excavar para plantar un rosal?

Si la tierra es buena y tiene bastante humus, es suficiente preparar un hoyo de 40 x 40 x 40 cm para plantar un rosal. Siempre se recomienda mezclar la tierra extraída con aproximadamente un tercio de compost. En suelos muy arenosos o muy pesados es mejor cavar un hoyo de al menos 70 x 70 x 70 cm y mejorar la tierra con los medios correspondientes (→ página 114). En los emplazamientos con capas de tierra compactada en el subsuelo, como ocurre con frecuencia en las parcelas de casas de obra nueva, es imprescindible romper esa barrera y aligerar el terreno.

158. Humus: ¿Qué es exactamente el humus y por qué es tan importante para los rosales?

Los cosmos de color rosa y blanco combinan bien con rosales.

El humus es el término global para denominar la materia orgánica descompuesta del sue-

lo. Forman parte de este material orgánico, por ejemplo, las raíces de las plantas, las hojas y pétalos caídos, etc., así como múltiples organismos animales. La flora del suelo –como las bacterias, los hongos y las algas– y la fauna del suelo –a la que pertenecen microorganismos y pequeños organismos animales– descomponen estas sustancias naturales y las transforman en sustancias nutrientes útiles para las plantas. La capa superior del terreno, de color más oscuro, contiene la mayor cantidad de humus.

El humus ayuda a conseguir una buena textura granulosa, que es la ideal para el sustrato, pues permite un óptimo aprovechamiento del aire, el agua y el calor y consigue que las raíces agarren bien. Además, el humus es la única fuente de nitrógeno del suelo y el nitrógeno es la sustancia nutritiva más importante para el crecimiento de las plantas y el desarrollo de las hojas. El humus también aporta otros nutrientes a las plantas por lo que significa un factor determinante para indicar la fertilidad de la tierra. El índice de humus en la tierra es una cuestión de vital importancia para los rosales pues son plantas bastante ávidas de nutrientes y agua.

159. Humus. Rico en: ¿Cuándo se considera un suelo rico en humus y cómo se reconoce?

Cave en el jardín un hoyo extrayendo dos paladas de tierra. La tierra será más oscura en la capa superior porque es la que tiene mayor cantidad de humus. Generalizando mucho, puede decirse que cuanto más gruesa sea la capa oscura y más oscuro su color tanto más adecuada será para el cultivo de rosales. La proporción exacta de humus en la tierra puede averiguarse mediante un análisis de la misma. Los geólogos catalogan los terrenos por la cantidad de humus que tienen de la siguiente manera:

➤ **pobre en humus:** menos del 1% de sustancia orgánica;

➤ **contenido bajo de humus:** del 1 al 2% de sustancia orgánica;

➤ **contenido medio de humus:** del 2 al 4% de sustancia orgánica;

➤ **contenido alto de humus:** del 4 al 8% de sustancia orgánica;

➤ **rico en humus:** del 8 al 15% de sustancia orgánica;

➤ **casi turboso:** del 15 al 30% de sustancia orgánica;

➤ **turboso:** 30% de sustancia orgánica y más.

Ideales para el cultivo del rosal son los suelos con un contenido alto de humus o los ricos en humus. Los suelos arcillosos, con un contenido medio de humus, también resultan adecuados. Los demás tipos de suelo deberán mejorarse mediante los aportes correspondientes (→ página 114) en el momento de plantar el rosal.

160. Jardín de casa de campo: Quiero construir un jardín en una casa de campo. ¿Qué variedades de rosal son adecuados para este tipo de jardín?

Si nos basamos en los ejemplos que conocemos, se adaptarán bien los rosales que existían en esa época y el jardín podrá reflejar ese estilo con fidelidad. Los rosales antiguos (→ página 63) han sido siempre un importante elemento en los jardines de las casas de labranza de los siglos pasados. Sus muchas y densas flores, así como su embriagador perfume, no pueden faltar en un jardín de tipo rural. Flanqueando las vallas se plantaban con frecuencia rosales Alba (→ página 62), que con su imponente apariencia cumplían la función de dar la bienvenida a los visitantes a la vez que protegían del viento y las miradas indiscretas. En los antiguos jardines de las casas de campo era insustituible la variedad de color blanco 'Maxima', que antaño se denominaba 'Jakobitenrose'. Se pueden plantar rosas Gallica (→ página 73) para formar borduras o setos. Todos los rosales antiguos también quedan bien en macizos y arriates combinados con plantas vivaces y bianuales típicas de estos jardines, como las candelillas, las dedaleras, los flox o las malvarrosas; también las hierbas aromáticas son elementos clásicos de este estilo. Pero tampoco es necesario ser totalmente fiel a la historia, pues es posible obtener el mismo aire nostálgico con rosales ingleses de floración recurrente

(→ página 74) o rosales modernos románticos (→ página 80).

También los rosales trepadores (→ página 82) se fusionan bien en este estilo por su aspecto romántico y frondoso y pueden guiarse para que crezcan sobre arcos, puertas del jardín o entradas, o usarse para crear espacios visualmente separados en el jardín. Los rosales de pie alto (→ página 70) destacarán dispuestos en el centro de los clásicos cruces de caminos o en pequeñas rotondas bordeadas por bojes.

161. Jardines rústicos: Me gustan los jardines rústicos y me gustaría integrar algunos rosales en un jardín de este tipo. ¿Cuáles son los más indicados?

Tener rosales en un jardín rústico no tiene por qué suponer una contradicción. Los siguientes grupos se adaptan muy bien a este estilo:

Los rosales arbustivos asilvestrados crean un ambiente muy próximo al del entorno natural.

➤ **Rosales silvestres:** su encanto natural los hace especialmente idóneos para jardines rústicos. Pueden formar

setos para delimitar la parcela y sustituir cualquier valla con sus tallos resistentes y cubiertos de aguijones. En la época de floración llaman la atención por su intensa floración de flores simples y sedosas que atraen a numerosos insectos, dando vida al jardín. Sus ramas ofrecen además un lugar adecuado para anidar a muchos pájaros así como un hábitat resguardado a erizos y otros pequeños habitantes del jardín.

➤ **Rosales arbustivos ornamentales:** incluso entre las variedades modernas se encuentran algunas que encajan bien en jardines rústicos. Las variedades de flores simples o semidobles transmiten un aire similar al de los rosales silvestres. Si además poseen el sello de calidad ADR (→ página 59), serán especialmente resistentes y seguramente encontrarán su lugar también en jardines más «asilvestrados». Las variedades indicadas son, por ejemplo, 'Angela', 'Northern Lights', 'Pierette', 'Rotes Meer', 'Westerland' o 'Windrose'. Los ejemplares de las variedades mencionadas quedan muy bien tanto dispuestas en solitario como formando parte de setos verdes combinados.

➤ **Rosales sarmentosos:** los rosales sarmentosos encaramados a los árboles (→ página 81) ofrecen una floración adicional en las copas de estos y también recrean un entorno muy natural. Las variedades de este grupo son muy fuertes, sanas y fáciles de mantener ya que requieren pocas atenciones. Los árboles que sirvan de apoyo para que trepen por ellos los rosales deberían ser de copas abiertas para que las hojas de los rosales reciban suficiente sol. Son ideales los frutales viejos así como las robinias o las piceas más adultas.

➤ **Rosales trepadores:** también los rosales trepadores (*climber*) (→ página 82) pueden encontrar su lugar en jardines rústicos. Pueden cubrir con su vegetación espalderas, pérgolas o cenadores creando suaves transiciones entre los edificios y la naturaleza.

➤ **Rosales tapizantes:** el empeño de los cultivadores de rosales tapizantes es conseguir variedades muy robustas y sanas que requieran poco mantenimiento. Estas características hacen recomendable la aplicación de este tipo de rosales en jardines rústicos. De hecho, en este grupo se encuentra la mayoría de rosales con el distintivo de calidad ADR. Los rosales tapizantes permiten cubrir superficies con vegetación de manera rápida y evitan al jardinero las labores de desbroce. Si se plantan rosales no injertados, se conseguirá tapizar el terreno con mayor velocidad debido a la formación de estolones y se evitará tener que eliminar tallos bordes.

162. Material para aporcar: Si no se dispone de suficiente tierra para aporcar, ¿qué otro material se puede usar?

Lo más sencillo es utilizar el material que ha sobrado de la excavación tras plantar el rosal o extraer tierra de otra parte del jardín. Si no hay suficiente cantidad de este material también se puede usar compost o preparar una mezcla de compost con arena. En ningún caso use turba, pues tiende a almacenar demasiado el agua y tampoco ayuda a mejorar la tierra al quitar el montón aporcado. Además, por respeto al medio ambiente, es mejor prescindir de la turba. Si los rosales ya han agarrado, no se debe amontonar tierra escarbando alrededor del pie del rosal pues se puede dañar fácilmente las raíces absorbentes que se encuentran cerca de la superficie.

163. Mejorar la tierra: Si no disponemos de un suelo ideal para plantar rosales, ¿cómo podemos mejorar una tierra demasiado arenosa o pesada?

Y ¿quién tiene un suelo ideal para rosales? Más bien se trata de algo excepcional. Generalmente disponemos de una mezcla de arena, limo, arcilla y humus en diferentes proporciones. Los suelos arenosos resultan fáciles de labrar, se secan bastante rápido y ligan con dificultad los nutrientes. Los suelos pesados hacen difícil su laboreo pero retienen bien el agua y los nutrientes, aunque tienen falta de oxígeno. Los inconvenientes de ambos tipos de suelos pueden enmendarse adoptando las siguientes medidas:

➤ Los **suelos pesados limosos o arcillosos** se aligeran y se vuelven más permeables añadiéndoles arena, grava fina o perlita. Si se mezclan con compost también se obtiene el mismo resultado. Sus elementos de calibre mayor aligeran un sustrato demasiado ligado y consiguen una mejor ventilación.

➤ Los **suelos ligeros y arenosos**, sin embargo, pueden hacerse más ligantes si se les añade bentonita (→ página 93) o tierra limosa (que quizás pueda conseguirse del jardín de amigos de otra región). En este caso también la adición de compost mejora considerablemente las cualidades del terreno. A la vez que abona, mejora la retención de agua y sustancias nutrientes.

164. Muro: Me gustaría cubrir un muro de nuestra casa con rosales trepadores. Están disponibles las cuatro fachadas. ¿Cuál es la orientación ideal para los rosales?

Los muros que miran al sudeste o sudoeste son de entrada los más apropiados. Ofrecen suficiente sol y a la vez liberan al rosal de tener que soportar una insolación intensa a mediodía durante demasiado tiempo. El calor que se suele acumular a mediodía (→ página 96) en los muros dispuestos hacia el sur puede hacer que la planta sea más propensa a padecer enfermedades y plagas. Los muros orientados al oeste en los que el sol no da más de cinco horas al día pueden aprovecharse para plantar rosales que toleran bien la semisombra. Hay variedades especiales, como 'Mme Alfred Carrière', que incluso prosperan en muros que miran al norte.

165. Plantar rosales: ¿Cómo planto un rosal de forma correcta?

Al plantar rosales hay que diferenciar entre aquellos que vienen con la raíz desnuda (→ página 129), los rosales en contenedor (→ página 128) y los rosales con cepellón (→ página 119).

Plantar rosales con la raíz desnuda:

➤ Antes de plantar el rosal debe **hidratarse** suficientemente. Lo mejor es dejarlo a remojo en un balde durante al menos dos o tres horas, de modo que no solo estén las raíces en contacto con el agua sino también los tallos.

➤ Los rosales de raíz desnuda se **podan** antes de plantarse (→ página 120). Se trata de acortar los tallos aéreos hasta una longitud de 20-30 cm y de cortar las raíces deterioradas por encima de la parte estropeada así como de rebajar las raíces sanas dejándolas de unos 20-25 cm.

➤ Cavar un hoyo de aproximadamente 40 x 40 x 40 cm en un suelo de tierra buena. Las raíces requieren suficiente espacio para desarrollarse y no deben encontrar obstáculos; lo ideal es que quede un palmo de espacio entre el contorno

Antes de plantar rosales de raíz desnuda es conveniente dejarlos en un cubo con agua durante varias horas.

1

Cave un hoyo generoso y aligere bien el fondo y los bordes del mismo con una horquilla.

2

Introduzca el cepellón de modo que su parte superior quede al nivel del terreno.

3

de las raíces y las paredes del hoyo. Suelte la tierra del fondo y las paredes del hoyo con una horquilla excavadora. Si el suelo es muy arenoso, pesado o compactado, es conveniente cavar un hoyo mayor (de al menos 70 x 70 x 70) y mejorar la tierra excavada.

➤ Al **colocar** la planta en el hoyo resulta de gran ayuda tener a alguien que sujete el rosal mientras usted echa la tierra para volver a llenar el hoyo. El punto de injerto (→ página 37) del rosal deberá quedarse 5 cm por debajo de la superficie del terreno.

➤ Añada a la **tierra excavada** una tercera parte de compost maduro para mejorar la tierra y a modo de un primer abonado. Pise con cuidado la tierra por encima de las raíces y deje un reborde para regar.

➤ Riegue dirigiendo un chorro fuerte de agua con la manguera hacia el hoyo y **anéguelo** (→ página 104).

➤ Para terminar, se **aporca** (→ página 92) sustrato o compost alrededor de los tallos del rosal dejando que solo sobresalgan las puntas. Esta medida disminuye la evaporación durante la sensible fase de enraizamiento y protege contra la deshidratación y las heladas.

Los montoncitos de tierra se retiran a finales de marzo o a principios de abril; en caso de haber plantado el rosal en primavera, se retiran tras ocho semanas.

Plantar rosales de contenedor o con cepellón:

➤ Los rosales de contenedor o con cepellón no requieren una poda previa a su plantación.

➤ Para hidratar los cepellones se hunden en un pozal grande con agua hasta que dejen de salir burbujas de la tierra.

➤ Saque el cepellón de la maceta de plástico, en el caso de los rosales de contenedor. Separe algo las raíces si están muy apelmazadas (→ página 123). Los rosales con el cepellón en recipientes de turba o cartón pueden plantarse generalmente tal cual pues estos recipientes son biodegradables. A veces el cepellón está sujeto por una trama de alambre. Como no parece suponer un obstáculo para las raíces, puede plantarse el cepellón con esta.

➤ Los tallos están frecuentemente cubiertos por una capa de cera (→ página 126). No debe retirarse, pues el riesgo de dañar la planta es demasiado elevado. A medida que avance su crecimiento, la planta ya hará reventar la cera.

➤ Al colocar el rosal en el hoyo, el borde superior del cepellón deberá quedarse a ras del terreno.

Las demás labores que hay que realizar a la hora de plantar el rosal (mejorar la tierra extraída, encharcar y aporcar) son las mismas que para los rosales con la raíz desnuda.

166. Plantar rosales de pie alto: ¿Qué particularidades debo tener en cuenta a la hora de plantar rosales de pie alto?

Lo más importante a la hora de plantar un rosal de pie alto es procurarle una estaca de apoyo.

➤ Antes de colocar el rosal de pie alto en el hoyo, plante una estaca de apoyo en el suelo del hoyo. Posteriormente se atará en dos puntos el rosal a la estaca, en la copa y también a mitad del tronco. Para ello lo más indicado es la cuerda de yute o de esparto. Fije el tronco a la estaca mediante nudos de ocho que no aprieten excesivamente para que no dañe la corteza.

➤ Los rosales de pie alto se entierran a la misma profundidad a la que estaban en el vivero. El nudo de la vara que se ha dejado crecer forma un engrosamiento en el pie del tronco y deberá quedar aproximadamente a un palmo por encima del nivel del terreno. Se reconoce porque forma una pequeña curvatura. Todos los rosales de pie, sea altos, medios o bajos, así como los rosales de cascada o llorones, tienen el punto del injerto en la copa, por lo que no hay que preocuparse de dónde se encuentra con respecto al suelo cuando se plantan.

➤ Plante los rosales de pie alto de modo que más adelante puedan doblarse con su curva natural por encima del nudo de donde parte la vara hasta el suelo. Esta medida es importante para poder proteger la planta del frío (→ página 162) en los inviernos venideros. Es importante que haya bastante espacio en el arriate para poder arquear el arbolillo. Si se intenta doblar el tronquito en el sentido opuesto puede partirse fácilmente la madera.

167. Plantar rosales trepadores: Tengo la intención de plantar unos rosales trepadores. ¿A qué distancia del elemento de apoyo debo ubicarlos?

Unos 20-30 cm del elemento de apoyo es una distancia adecuada. Para que el rosal crezca en la dirección correcta, plántelo algo inclinado dirigido hacia el apoyo. Esta inclinación también le permitirá enganchar los tallos más adelante con mayor facilidad. Si la idea es que cubra una espaldera delante de un muro procure que la espaldera esté a una distancia de 10-30 cm del muro para que pueda circular el aire. Esto es particularmente importante si el muro se recalienta mucho en verano porque le da el sol a mediodía (→ página 96).

Si se plantan rosales sarmentosos (→ página 81) para que se enreden en árboles, hay que plantarlos al menos a un metro del tronco del árbol para que no compitan las raíces.

168. Plantas con cepellón: ¿Qué se entiende por plantas con cepellón?

Este tipo de producto (→ foto 3, página 121) es de reciente comercialización. Embalados de este modo, los rosales jóvenes pueden ofrecerse desde octubre hasta mayo. Las raíces suelen estar metidas con algo de sustrato en pequeñas macetas de cartón u otro material biodegradable. A veces también se encuentra una malla de alambre que sujeta el cepellón. En estos casos, el rosal puede plantarse con la malla o la maceta.

La tierra húmeda protege las raíces del rosal y permite la formación de las primeras raíces absorbentes. De este modo se prolonga la época de plantación de los rosales hasta mayo. Además, tras adquirir la planta, no es necesario podarla antes de plantarla. Los tallos suelen llevar un recubrimiento de cera (→ página 126).

169. Poda de plantación: He oído decir que los rosales hay que podarlos antes de plantarlos. ¿Es cierto? ¿Cómo se hace?

Solo es necesario podar los rosales de raíz desnuda. Se rebajan todos los tallos aéreos, que se dejan a una longitud de 20-30 cm. Las raíces dobladas o dañadas se cortan por encima de la parte dañada y las demás raíces se rebajan, al igual que los tallos, dejándolas con una longitud de 20 a 25 cm.

170. Presentación comercial de los rosales: Los rosales se comercializan de diferentes formas. ¿Cuál es la mejor?

Siempre que la calidad sea buena (→ página 94), cualquier oferta es válida. Cada tipo de presentación de los rosales tiene sus ventajas e inconvenientes:

➤ **Plantas con la raíz desnuda:** los rosales de raíz desnuda son, generalmente, la opción más económica. Las plantas se venden sin cepellón y con los tallos sin hojas, pues la planta se encuentra en estado de reposo vegetativo. De esta forma solo pueden comercializarse y plantarse durante la época principal de plantación, desde noviembre hasta marzo o abril, pues las raíces desprotegidas se secan rápidamente.

Se podan las raíces y los tallos antes de plantar el rosal con unas tijeras de podar rebajándolos hasta aproximadamente 20-30 cm de longitud.

➤ **Plantas de contenedor:** se trata de rosales cultivados en macetas de plástico medianamente grandes que tienen un cepellón con raíces bien desarrolladas. Esta presentación permite adquirir los rosales a lo largo de todo el año y plantarlos en cualquier época, incluso si está floreciendo. Esta forma de cultivo es más laboriosa y como es obvio eso también se refleja en el precio del producto.

1

ROSALES DE RAÍZ DESNUDA
Deberán tener raíces fuertes, no dañadas y que no estén negras y tallos fuertes de color verde saludable.

2

ROSALES ENVUELTOS EN BOLSAS DE CELOFÁN
Verifique que los tallos estén saludables y verdes, pero que todavía no hayan brotado y que las raíces no estén dañadas.

3

ROSALES CON CEPELLÓN
Esta práctica presentación comercial es biodegradable y no hace falta quitarlo pues permite el desarrollo de las raíces.

4

ROSALES DE CONTENEDOR
El cepellón deberá tener un buen ovillo de raíces y ser compacto, las raíces visibles no deberán estar ni oscuras ni blandas.

➤ **Plantas con cepellón:** cada vez con mayor frecuencia se encuentran en los comercios rosales jóvenes en prácticos embalajes, que representan una solución intermedia entre los rosales con la raíz desnuda y los de contenedor. Los tallos tampoco tienen hojas y con frecuencia están cubiertos de una capa protectora de cera (→ foto de la página 126).

Las raíces se encuentran en macetas pequeñas, generalmente biodegradables, de turba, cartón o materiales similares, que también se entierran cuando se planta el rosal. La tierra húmeda que envuelve las raíces evita que se sequen y permite que desarrollen las primeras raíces absorbentes. Estos rosales no requieren poda. Así presentada, la planta puede seguir desarrollándose sin interrupción y se ofrece una temporada de plantación comparativamente más larga que la de los rosales de raíz desnuda, pues abarca hasta entrado mayo.

171. Profundidad de la plantación: Los rosales tienen raíces profundas. ¿A qué profundidad hay que plantarlos?

El hecho de que los rosales tengan las raíces profundas no influye en la profundidad que debe tener el hoyo en que plantamos un rosal, sino solo en la forma de preparar el hoyo. La planta debería encontrarse al menos un metro de tierra fácil de atravesar con las raíces. Si el suelo es bueno, el rosal avanzará por sí solo hasta esas capas más profundas. Sin embargo, en emplazamientos más problemáticos es necesario cavar un hoyo más grande y mejorar la tierra excavada (→ páginas 114, 129, 130) para conseguir una buena base. La profundidad a la que hay que plantar un rosal depende exclusivamente del punto del injerto.

➤ **Rosales injertados:** casi todos los rosales que se encuentran en los comercios actualmente están injertados. Para proteger el sensible punto de injerto de las heladas y las lesiones debería situarse siempre 5 cm por debajo del nivel del terreno. Esta medida previene también un excesivo crecimiento de tallos bordes. Por lo tanto, puede decirse que tanto si se trata de un vigoroso rosal arbustivo o trepador, un expansivo rosal tapizante o un delicado rosal de macizo, las plantas jóvenes siempre se entierran a la misma profundidad.

Las únicas excepciones son las siguientes:

➤ **Rosales de pie alto:** los rosales de pie alto tienen el punto de injerto en la copa del arbolillo. Se plantan a la misma profundidad a la que estaban en el vivero.

➤ **Rosales de raíz propia:** estas plantas no están injertadas sino que se desarrollan sobre sus propias raíces. Con frecuencia los rosales para setos y los cubridores de suelo son de raíz propia. Se plantan igual que estaban plantados en el vivero. Se puede ver el nivel por la diferencia de color en la corteza del cuello de las raíces.

➤ **Rosales de contenedor y rosales con cepellón:** estas formas de comercialización de los rosales llevan su cepellón, que encierra el punto de injerto a la profundidad correcta. Plántelos de modo que el borde superior del cepellón quede a ras del terreno.

---

172. **Raíces en contenedor:** He comprado un rosal de contenedor. Al sacarlo de la maceta me he percatado de que las raíces están muy enmarañadas y en parte tienen ya un tono marrón. ¿Puedo plantar este rosal?

?

Este rosal ha estado demasiado tiempo en la misma maceta. Es urgente que se trasplante a un recipiente mayor o en el terreno.

Si el cepellón ya está muy apretado o las raíces están ya enroscadas, es necesario que abra un poco el cepellón antes de volver a plantarlo. Lo mejor es que separe las raíces con los dedos. Si no es posible, use unas tijeras, rebaje las raíces demasiado largas y corte las que estén dañadas.

ROSALES TREPADORES Y SARMENTOSOS

'BOBBIE JAMES'

Rosal sarmentoso de crecimiento vigoroso y saludable que florece una vez al año y alcanza hasta 10 m de altura, coronando incluso las copas de los árboles. Sus numerosas y pequeñas flores tienen un aroma dulce.

'FLAMMENTANZ'

Este rosal sarmentoso es el más antiguo con el sello de calidad ADR. Florece una vez al año formando grandes ramos y alcanza de 300 a 500 cm de altura. También prospera en climas fríos y a la semisombra.

'KIR ROYAL'

El color especial de esta rosa trepadora con sello de garantía ADR la convierte en centro de todas las miradas. Es de floración remontante, alcanza aproximadamente 350 cm de altura y tolera los emplazamientos semisombríos.

'MARIA LISA'

Caracterizan a esta variedad de pocas exigencias sus grandes inflorescencias umbelares compuestas de muchas pequeñas rosas. Este rosal sarmentoso alcanza 400 cm de altura. Florece solo una vez al año pero profusamente.

ROSALES TREPADORES Y SARMENTOSOS

'NEW DAWN'

Se trata de uno de los rosales trepadores más populares. Sus flores, similares a las de los Híbridos de té, tienen un aroma afrutado y florecen a lo largo de todo el verano. Alcanza entre 200 y 400 cm de altura.

'ROSARIUM UETERSEN'

De belleza barroca, este clásico entre los rosales trepadores también resulta atractivo como rosal en cascada. Tiene varias floraciones, alcanza de 200 a 300 cm de altura y es muy resistente.

'SUPER EXCELSA'

Este rosal sarmentoso de varias floraciones muy abundantes tiene el sello de calidad ADR. Es adecuado tanto para guiarlo por una espaldera como para cubrir suelos. Alcanza hasta 250 cm de altura.

'VEILCHENBLAU'

Este rosal sarmentoso solo tiene una época de floración pero es muy intensa. Sus flores son perfumadas y de un llamativo tono azulado. Sus tallos, poco cubiertos de aguijones, alcanzan hasta cinco metros de longitud.

Los rosales en embalajes comerciales tienen, a veces, los tallos recubiertos de cera que se desprende sola al crecer el rosal.

173. Recubrimiento de cera: El rosal que acabo de comprar tiene recubiertos los tallos con cera. ¿Es preciso que retire la cera cuando plante el rosal?

No, esta capa sirve para proteger los tallos del rosal y evitar, por un lado, que se sequen y, por otro, que se dañen durante el transporte. Este tipo de recubrimiento de protección se usa especialmente en el caso de plantas jóvenes destinadas al comercio intermediario, puesto que serán almacenadas y transportadas varias veces. Deje la cera tal como está; en cuanto la planta crezca se ajará ella sola. Si la quita puede arriesgarse a que se rompa alguna yema tierna.

174. Remojo: Tengo entendido que antes de plantar los rosales deben dejarse a remojo. ¿Cuánto tiempo deben dejarse en el agua y hasta dónde debe llegar esta?

Los rosales de raíz desnuda se sumergen en una palangana y se dejan ahí al menos dos o tres horas. Si se plantan en primavera será conveniente que estén a remojo durante más tiempo. Se sumergen tanto los tallos como las raíces. En el caso de tratarse de rosales con cepellón o en contenedor, se sumerge el cepellón hasta que dejen de salir burbujas y esté completamente empapado.

175. Requisitos que debe cumplir la tierra: ¿Cuál es el suelo de cultivo ideal para un rosal?

A los rosales les gusta el suelo mullido y profundo, rico en nutrientes y con humus (→ página 131). El valor ideal del pH es entre 6 y 7. El suelo perfecto es una mezcla de arena y arcilla con una gran proporción de humus. Al menos los 30 cm superiores del terreno deberían contener mucho humus (→ página 109). Resultan mortales para los rosales las capas de tierra compactada en la zona de las raíces (hasta un metro de profundidad), como las que se encuentran con frecuencia en los terrenos de una obra nueva tras el paso de la maquinaria de construcción, porque suponen una barrera para el desarrollo de las raíces y pueden producir un crecimiento menguado; además, pueden resultar perniciosas para las raíces las bolsas de agua que se forman tras llover en este tipo de terrenos.

176. Rosales bajo un árbol: En nuestro jardín hay un árbol viejo muy alto. Debajo de su amplia copa da el sol muchas horas al día. ¿Puedo plantar rosales en ese lugar?

La mayoría de las variedades de rosal toleran bien los lugares semisombríos siempre que les dé el sol al menos cinco horas al día. Sin embargo, independientemente de la cantidad de luz disponible, debajo de un árbol no es el emplazamiento ideal para un rosal. Después de caer la lluvia, las ramas y las hojas

CONSEJO EXTRA

En primavera dejar más tiempo a remojo
Si va a plantar rosales en primavera es conveniente que los deje a remojo durante bastante tiempo antes de plantarlos en el terreno, pues deben empezar a brotar con rapidez. Lo ideal es dejarlos en una palangana llena de agua durante toda la noche. De este modo se permite que la raíz y los tallos se hinchen de agua y obtengan una reserva suficiente para brotar cuando estén en el arriate.

siguen goteando durante un tiempo, por lo que las hojas de los rosales se mojarían y seguirían húmedas durante más tiempo, lo cual propicia la aparición de enfermedades causadas por hongos. Además, las plantas estarán compitiendo por el agua y los nutrientes en el espacio en que coincidan sus raíces. Hay una excepción, se trata de los rosales trepadores de árboles (→ página 86), que plantados al lado del tronco de un árbol se elevan rápidamente por copas ligeras.

177. Rosales de contenedor: ¿Qué son exactamente los rosales de contenedor y cuáles son sus ventajas?

Se llama rosales de contenedor a los que se cultivan en macetas, generalmente de plástico, y se venden en estos recipientes. Estas macetas tienen una capacidad de al menos dos litros, aunque suelen ser de cinco litros. El cultivo en contenedor tiene la ventaja de que las personas que no se hayan decidido a tiempo por un rosal durante la época de plantación pueden elegir el rosal que les guste y plantarlo durante toda la temporada, incluso en la época de floración, en el lugar elegido.

El rosal de contenedor puede plantarse a lo largo de todo el año, menos cuando hay heladas, pues tiene cepellón y no

CONSEJO EXTRA

Cómo realizar un análisis de la tierra

Con una pala, extraiga tierra de una profundidad de 25 cm de varios lugares de sus arriates y tome una muestra de tierra barriendo con un recogedor por encima de cada palada extraída. Mezcle las muestras de tierra y guarde el material en una bolsa de plástico (no más de 500 g). Del mismo modo, recoja una muestra de la capa inferior del terreno (entre 25-50 cm de profundidad). Etiquete ambas bolsas adjuntando los datos correspondientes (remitente, capa superior e inferior de tierra) y mándelas a analizar.

Los rosales de contenedor suelen encontrarse habitualmente en macetas de cinco litros. Tienen un cepellón bien enraizado y agarran muy bien cuando se plantan.

depende por lo tanto de la temporada del año como el rosal de raíz desnuda (→ próxima pregunta), que solo puede plantarse en primavera y otoño.

178. Rosales de raíz desnuda: ¿Qué son los rosales de raíz desnuda y cuáles son sus ventajas?

Esta forma de comercializar rosales (→ página 120) es la que más tradición tiene y además es la opción más económica. Los rosales de raíz desnuda constan simplemente de dos a tres tallos cortos sin hojas y raíces desnudas sin cepellón. En esta forma solo pueden comercializarse los rosales durante su periodo de reposo vegetativo (de octubre a abril), pues las raíces no protegidas se secan con facilidad. Por eso solo pueden plantarse en otoño o primavera.

179. Suelo ácido: El suelo de mi jardín es ácido. ¿Cómo puedo mejorarlo para plantar rosales en él?

Los suelos ácidos pueden mejorarse añadiendo regularmente cal. Sin embargo, los suelos muy ácidos, aunque se aporte sal, no serán emplazamientos ideales para el cultivo de rosales. Una cantidad equilibrada de cal es la base de un buen abonado, pues influye en la disponibilidad de los demás nutrientes, en la fertilidad de la tierra y en su estructura. Siga siempre las recomendaciones para la dosificación.

Un exceso de cal puede fijar el hierro a la tierra, de modo que este elemento deja de estar disponible para las raíces de la planta. Los rosales reaccionan a este fenómeno enfermando de clorosis, que hace que las hojas del rosal se vuelvan de color amarillo. En los comercios especializados se puede obtener cal en diferentes variantes: cal de algas, cal viva, marga calcárea, polvo de piedra caliza, cal magnésica o cal de conchas marinas. La cal viva no es adecuada para mejorar la tierra pues es demasiado corrosiva.

180. Suelo arenoso: El suelo de mi jardín es muy arenoso. ¿Puedo plantar rosales en él?

En principio, los suelos muy arenosos no son emplazamientos ideales para rosales. Tienden a secarse rápido y almacenan con dificultad los nutrientes. Estas condiciones no sientan bien a los rosales. Aun así, no hace falta que renuncie a plantar rosales en su jardín.

Cave un hoyo mayor (de al menos 70 x 70 x 70 cm) y mejore la tierra excavada añadiéndole compost y bentonita (→ página 93).

Si esto le resulta demasiado laborioso, también puede colocar en el jardín macetones con rosales adecuados para este tipo de cultivo (→ página 86).

181. Suelo pesado: ¿Es posible cultivar rosales en suelos pesados y arcillosos?

Los suelos pesados tienen la capacidad de almacenar bien las sustancias nutrientes y retener el agua. Ambas cualidades procuran buenas condiciones para el cultivo de los rosales. Sin embargo, este tipo de suelo suele tener problemas con la ventilación, por lo que es conveniente mejorar la tierra extraída del hoyo en que se va a plantar el rosal (de al menos 70 x 70 x 70 cm) añadiéndole arena gruesa o gravilla. De este modo se aumenta la permeabilidad y se mejora la ventilación. Se recomienda también añadir un 30% de compost maduro a los 40 cm superiores de tierra.

182. Suelo profundo: Los rosales requieren un suelo profundo. ¿Qué significa eso?

Los rosales son plantas de raíces profundas (→ página 41), que penetran en el terreno y alcanzan hasta un metro de profundidad. Un suelo profundo es aquel que permite un buen desarrollo de las raíces a esa profundidad, es decir, que es ligero y contiene nutrientes, agua y aire.

Los suelos que tienen mucha piedra y a poca profundidad son totalmente inadecuados para plantar rosales. Lo mismo ocurre con los terrenos pesados o muy compactados, pues no permiten, o lo hacen con dificultad, que los atraviesen las raíces.

183. Sustrato para rosales: ¿Cuál es el mejor sustrato para rosales y cómo lo reconozco?

El sustrato ideal para rosales es ligero y por ello bien ventilado, permeable, rico en humus y en nutrientes. El valor del pH idóneo es de 6 a 7. Para saber a grandes rasgos de qué tipo de suelo dispone suele ser suficiente realizar una prueba sencilla con las manos. Tome un puñado de tierra en la mano y frótela entre los dedos:

➤ La **tierra franca** es relativamente oscura, ligeramente húmeda y está compuesta de elementos de diferentes tamaños, como granos gruesos de arena, fibras de humus, pero también de otros más pequeños y pastosos. Con esta tierra se pueden formar entre los dedos ligeras pelotas que al secarse se desmoronan.

➤ Los **suelos ligeros arenosos** suelen ser de color más claro y se componen casi exclusivamente de elementos de grano grueso, que se ven y se tocan perfectamente. Esta tierra casi no se adhiere y cuando está seca se desliza entre los dedos.

➤ Los **suelos pesados** están compuestos de muchos elementos muy pequeños y tienen un tacto liso y algo viscoso. Pueden manipularse como la plastilina y se observan con frecuencia superficies brillantes. Las pelotas formadas con el material húmedo se quedan tan duras como piedras al secarse.

Si desea conocer la composición precisa del suelo de su jardín, debería realizar una cata de su terreno (→ consejo extra en la página 128) y mandarla a un laboratorio para obtener un análisis de las muestras de tierra extraídas. Además, le asesorarán sobre el abono específico que le conviene.

184. Sustrato para rosales: En los comercios hay sustrato especial para rosales en sacos. ¿En qué se diferencia del resto? ¿Es preferible usar este sustrato en vez de tierra del jardín?

El sustrato para rosales es una mezcla ya preparada con un alto contenido en humus, arcillas seleccionadas, materiales estabilizadores de la estructura y un contenido en sustancias nutritivas específicamente concebido para el rosal. Garantiza un aporte adecuado de agua, aire y nutrientes, al menos para las primeras semanas tras la plantación, lo que supone una gran ventaja sobre todo si se planta el rosal en macetón. Sin embargo, si planta el rosal en el jardín no es necesario que recurra a caros sustratos especiales porque si la tierra es buena el rosal prosperará igualmente. También se puede recurrir a otras medidas para mejorar la tierra (→ página 114). Lo mismo vale para la sustitución de la tierra en caso de agotamiento del terreno tras haber estado plantado otro rosal.

185. Trasplantar: Vamos a mudarnos y quisiera llevarme un rosal al que tengo mucho cariño a mi nueva casa. ¿Es posible trasplantarlo al jardín nuevo o se morirá en el intento?

Básicamente, es posible trasplantar rosales aunque ya lleven mucho tiempo en un sitio. Ahora bien, hay que tener en cuenta los siguientes detalles:

➤ No extraiga el rosal de la tierra durante el verano, espere a que llegue el otoño. Cuando la planta está sin hojas –entre octubre y finales de marzo– tolera relativamente bien el trasplante.

➤ Intente extraer un cepellón grande con mucha tierra en torno a las raíces.

➤ Si puede, plante el rosal nada más extraerlo en su nuevo emplazamiento. Si esto no es posible, puede trasplantarlo a un macetón, que deberá tener al menos una profundidad de 50 cm para los rosales arbustivos y trepadores.

➤ Rebaje los tallos hasta una tercera parte de su longitud para que el rosal no necesite alimentar a demasiadas hojas al principio, pues en esta fase necesita invertir toda su energía en formar nuevas raíces que sustituyan a las que ha perdido. Una vez que haya arraigado crecerá de nuevo con mayor densidad.

186. Valor del pH: ¿Qué es el valor del pH del terreno y qué importancia tiene para el cultivo de los rosales?

El valor del pH es la medida para definir el grado de acidez del terreno. Se encuentra entre los valores 1 a 14. Los valores bajos (1 a 7) definen un suelo ácido, mientras que los valores altos (7 a 14) indican un suelo alcalino. El valor de pH del terreno repercute en la disponibilidad de los nutrientes para las plantas que crecen en él.

Los rosales prosperan mejor en terrenos neutros a ligeramente ácidos con valores de pH de 6 y 7.

CONSEJO EXTRA

Medir el valor del pH
Si no sabe cuál es el valor del pH de su jardín, puede averiguarlo fácilmente. En los comercios especializados hay conjuntos para determinar el valor del pH. Se añade agua a una muestra de tierra y se introduce una varilla indicadora o una tira de papel de tornasol que cambia de color. Según el tono indicado es posible identificar fácilmente el valor del pH de la tierra.

Consejos de experto

¿Qué hay que hacer para conseguir que la rosa, considerada reina de las flores, mantenga su esplendor floral a lo largo de los años? En este capítulo encontrará consejos sobre el cuidado de la tierra y el abonado, la poda y la protección invernal, además de una descripción de los métodos de multiplicación más importantes.

187. Abono de liberación lenta: ¿Qué se entiende por abono de liberación lenta? ¿Puedo utilizarlo también en el cultivo de rosales?

Los abonos de liberación lenta, también llamados abono con efecto retardado, son aquellos cuyas sustancias nutrientes están recubiertas generalmente de una resina sintética semipermeable. Este recubrimiento permite que las sustancias nutrientes se liberen poco a poco de modo que las raíces de las plantas dispongan de ellas durante un periodo prolongado. En ese sentido, los abonos de liberación lenta se asemejan en su disponibilidad más bien a los abonos orgánicos, a pesar de que generalmente se traten de compuestos minerales u orgánico-minerales. El riesgo de lixiviación es bajo. Estos abonos se mantienen durante largo tiempo disponibles para las plantas. Puesto que la liberación de las sustancias nutrientes depende de la temperatura, es decir, cuanto más alta es la temperatura, más sustancias penetran en el suelo y viceversa, se adaptan al ritmo de crecimiento de los rosales de forma ideal. El riesgo de un sobreabonado o de un aporte insuficiente de sustancias nutrientes es bajo. Según el producto y las condiciones meteorológicas, los abonos de liberación lenta surten efecto durante un periodo de entre cuatro a nueve meses.

188. Abonos minerales: ¿Qué se entiende por abono mineral y cuándo se aplica a los rosales?

Los abonos minerales son sustancias obtenidas mediante procesos químicos que se disuelven rápidamente en el agua del suelo y están disponibles para las raíces de las plantas. Debido a esta rápida disponibilidad, pueden producirse temporalmente sobreabonados. Las sustancias nutrientes sobrantes no se almacenan en el suelo sino que son llevadas relativamente rápido a capas más profundas y finalmente acaban en la capa freática, sin que las plantas obtengan ningún provecho. Las sales que contienen acumulan más efectos negativos para los organismos que habitan en el suelo cuando estos abonos se han aplicado durante mucho tiempo. Ahora bien, sus efectos son inmejorables cuando se trata de solucionar con rapidez las visibles carencias de nutrientes en los rosales. En esos casos su aplicación es preferible a la de cualquier otro tipo de abono de efecto retardado.

189. Abono orgánico: ¿Qué es el abono orgánico? ¿En qué formato es adecuado para abonar los rosales?

Los abonos orgánicos se obtienen de productos de desecho vegetales o animales. Los típicos abonos orgánicos que se han utilizado desde siempre en los jardines son el compost y el estiércol. En los comercios especializados en jardinería se puede obtener abonos orgánicos en forma de harina de cuerno, guano, harina de huesos o de sangre. Todos los abonos orgánicos, excepto el estiércol fresco (→ página 153), son adecuados para el cultivo de los rosales. Hay que tener en cuenta que una vez depositados en el suelo deben transformarse a través de la acción de microorganismos para poder estar a disposición de las plantas. Sus sustancias nutritivas son por tanto de acción lenta y están disponibles para alimentar las raíces de los rosales de forma gradual. Esto protege a los rosales de un abonado excesivo a corto plazo, es decir, de una sobredosis nociva, y de la lixiviación de las sustancias nutritivas.

INFORMACIÓN

Fósforo

El abonado a lo largo de muchos años tiene como consecuencia que la mayoría de los suelos de nuestros jardines contenga una cantidad suficiente de fósforo o que incluso estén sobreabonados. Los fosfatos se retienen bien en el suelo, por ello no hay que abonar siempre con abonos completos cuya composición incluye principalmente nitrógeno, potasio y fósforo. Mediante un análisis de la tierra obtendrá Información precisa sobre su composición.

190. Abono para rosales: Los comercios especializados ofrecen abonos específicos para rosales. ¿Debo usar exclusivamente estos para abonar mis rosales?

?

Los abonos para rosales ya preparados que existen en forma de líquido o sólido en los centros de jardinería y otros establecimientos especializados contienen todas las sustancias nutritivas necesarias en una proporción equilibrada para su aplicación en el cultivo del rosal. Esto facilita la labor del

ELEGIR EL TALLO
Los tallos largos, flexibles y bastante maduros son adecuados para el acodo.

1

REALIZAR LA INCISIÓN
Realice una incisión oblicua en el extremo inferior del tallo doblado

2

3

FIJAR EL ACODO
Fije bien al terreno un pedazo de tallo de al menos tres yemas.

4

CUBRIR EL ACODO
Cubra el acodo con tierra y manténgalo siempre ligeramente húmedo.

jardinero, pero no significa que los rosales no puedan ser alimentados por medio de otros abonos de forma igualmente eficaz. El compost y otros abonos completos también cumplen con este cometido. Tras realizar un análisis del suelo (→ página 128) y siguiendo las correspondientes recomendaciones de aplicación puede prepararse un abonado perfecto adaptado a las necesidades específicas de los rosales plantados en un emplazamiento determinado.

191. Acodo: Me gustaría reproducir mi rosal favorito mediante acodos. ¿Cómo se hace?

A finales de otoño o en primavera, elija un tallo largo y maduro (→ foto 1) y dóblelo hasta el suelo. Donde toque el suelo mulla la tierra. Quítele las hojas, si aún le queda alguna a finales de otoño. El trozo de tallo deshojado deberá tener al menos tres yemas. En la parte inferior de la curva se realiza una ligera incisión (→ foto 2). Para que la incisión no se vuelva a cerrar puede engancharse en medio una cerilla.

Fije el tallo con un gancho o con dos varillas cruzadas a una profundidad de unos 5 cm (→ foto 3) y cúbralo con tierra del jardín. La punta del tallo debe quedar expuesta a la luz (→ foto 4) con el fin de que broten hojas de ella. Mantenga bastante húmeda la tierra en torno al acodo durante el verano. En la primavera siguiente el acodo habrá echado suficientes raíces y puede separarlo de la planta madre para plantarlo en otro emplazamiento. Hay que tener en cuenta que la planta nueva es de raíz propia (→ página 45).

192. Acolchado: Una vecina me ha aconsejado acolchar mis macizos de rosales. ¿Es esta una medida realmente recomendable?

Lo cierto es que esta cuestión también es motivo de controversia entre los expertos. De lo que no cabe duda es que cubrir la superficie de los arriates con material orgánico, como acolchado de cuerno, compost crudo, restos de la siega del césped, paja o virutas de madera, proporciona ciertas ventajas:

El acolchado de los arriates de rosales tiene muchas ventajas aunque también implica algún riesgo.

➤ Permite ahorrar agua y por tanto trabajo de riego porque la capa que cubre el suelo reduce la evaporación.

➤ Al mismo tiempo, evita que se forme barro o costras en la tierra cuando las precipitaciones son muy intensas.

➤ Estimula la vida de los microorganismos del suelo ya que estos se alimentan de materia orgánica.

➤ Además, la capa de acolchado frena el desarrollo de malas hierbas, siempre que estas se hayan eliminado de raíz previamente, pues de lo contrario la capa de acolchado, con el calor que produce, más bien estimula su desarrollo. Aun así, también hay argumentos de peso contra el acolchado:

➤ La aplicación de sustancias orgánicas influye siempre en el equilibrio de nutrientes del suelo. En primer lugar, se liga fuertemente el nitrógeno durante los procesos de transformación que se producen, de modo que no está disponible en su totalidad para las raíces de las plantas. Por eso es fundamental aplicar un abono con nitrógeno antes de realizar el acolchado. La cantidad de nitrógeno ligado durante estos procesos depende del material utilizado, el tipo de suelo y las condiciones meteorológicas.

➤ Algunos materiales, como la madera picada, emiten incluso sustancias tóxicas. Es fundamental que en ningún caso estén en contacto con los tallos de los rosales.

➤ Las capas de acolchado demasiado altas (máximo una capa de 4-5 cm) pueden atraer a roedores para disfrutar del calor de esta manta, debajo de la cual se alojarán a gusto.

➤ Tras largos periodos de sequía, las primeras precipitaciones serán absorbidas en primer lugar por la capa de acolchado y apenas penetrarán en el suelo. Esta cuestión hay que tenerla en cuenta cuando se riega.

➤ En ningún caso se depositará el abono sobre la capa de acolchado. O bien se deja libre de acolchado el suelo en la zona de las raíces para poder regarlo y abonarlo o bien se aparta esta capa antes de abonar y se vuelve a repartir posteriormente.

> Y, desde luego, desde el punto de vista estético resulta muy poco adecuado aplicar virutas de madera o restos de siega de césped en un arriate de rosales.

Resumiendo, lo cierto es que el acolchado es una medida en principio razonable que, sin embargo, requiere muchos conocimientos técnicos, por lo que debería dejarse en manos de expertos. Para un jardinero aficionado pesan más los riesgos que los beneficios que se puedan obtener.

Para proteger el rosal en invierno, se aporca tierra del jardín o compost en torno a su base.

193. Aporcar como protección invernal: ¿Es necesario aporcar todos los rosales en invierno? ¿Cuándo es el momento idóneo para realizar esta labor?

?

En principio, los rosales son resistentes al invierno. Sin embargo, como el punto del injerto es más sensible y se encuentra a pocos centímetros por debajo de la superficie del terreno, es recomendable protegerlo de temperaturas muy frías, por debajo de los 0 ºC. Puesto que casi todos los rosales que se obtienen en los comercios son injertados, es conveniente aporcar los rosales antes de que empiece el invierno. La excepción la constituyen solo los rosales de raíz propia (→ página 45), los rosales silvestres y los de pie alto, pues estos tienen el punto de injerto en la copa y para protegerlos de las heladas intensas (→ páginas 177, 178) se requiere adoptar otro tipo de medidas. Generalmente es suficiente amontonar tierra de jardín suelta o compost alrededor de los rosales a mediados de diciembre, ya que es raro que el suelo se congele antes. Levante montículos de entre 20 y 30 cm de altura alrededor de la base del rosal. Si quiere, puede añadir acículas de coníferas para evitar que el material aporcado se lo lleve el viento y además se hace sombra a las yemas inferiores de los tallos.

194. Aspersores del césped: He leído que no hay que regar los rosales con el aspersor para el césped. ¿Por qué?

Al mojar las hojas, la humedad permanece, después de apagar el aspersor, durante un tiempo y si riega por la mañana las pequeñas gotitas sobre las hojas hacen efecto de lupa multiplicando la potencia de los rayos de sol, lo que puede dañar las hojas; si riega por la noche, la humedad se mantiene prácticamente durante toda la noche sobre las hojas creando un microclima que favorece especialmente la proliferación de las esporas de los hongos de modo que se propagan rápidamente enfermedades como la mancha negra del rosal (→ página 220) o el mildiu (→ página 222). Lo mejor es regar con una regadera directamente sobre el terreno donde se encuentran las raíces sin humedecer innecesariamente el follaje.

195. Base pobre: Los rosales trepadores que tengo en un arco solo florecen en la parte superior, mientras que en los laterales tienen un aspecto despoblado. ¿Cómo puedo evitar esto?

Para conseguir un rosal trepador de gran profusión floral, lo fundamental es distribuir correctamente los tallos sobre la estructura de apoyo, especialmente cuando se trata de un rosal de varias floraciones anuales. Estos requieren además una poda regular.

➤ Los tallos que crecen rectos hacia arriba invierten su energía en su desarrollo longitudinal. Sin embargo, los tallos horizontales o guiados en torno a un arco desarrollan más tejido leñoso del que crecen flores. Esto mismo refleja lo que usted plantea en su cuestión. En cuanto guíe los tallos a lo largo del arco, brotan las flores más bonitas, incluso en los tallos que están en la base. Por este motivo se cultivan los rosales dispuestos en abanico apoyados sobre espalderas. De esta forma aumentan en el centro en altura y a la vez se llenan de flores también en las zonas inferiores. Es evidente que en un arco esta distribución es más difícil de alcanzar porque el espacio es menor. Intente guiar al menos algunas ramas hacia abajo o enroscarlas en espiral alrededor de la base del arco. Adoptando esta medida se previene que estas zonas se queden pobres. La causa de este fenómeno se encuentra en las hormonas de estas plantas, que controlan el crecimiento longitudinal y el desarrollo de las flores y cuya distribución y concentración cambian dependiendo de la disposición de los tallos.

➤ Una poda escalonada también aumenta la floración en la zona inferior de la planta. En el caso de los rosales de varias floraciones, se rebajan además los tallos laterales en invierno y tras la floración, dejando de tres a cinco yemas.

196. Bolsa de plástico: ¿Puedo proteger la copa de mi rosal de pie alto de los daños de las heladas en invierno colocándole una bolsa de plástico?

En ningún caso utilice bolsas de plástico. Cubra su rosal de pie alto con tela de arpillera, mantas de fieltro o de otro tejido transpirable. El objetivo es proteger el rosal de cambios excesivamente bruscos de temperatura en el tejido leñoso. Las grandes diferencias de temperatura se producen sobre todo en las épocas en que a los días soleados de invierno les siguen noches de heladas. Por eso debe sombrearse el interior de la copa y suavizarse la curva de temperatura en la medida de lo posible. Un recubrimiento estanco mediante una bolsa de plástico produce el típico efecto invernadero en un día soleado y estimula al rosal a echar brotes. Además, al bajar la temperatura durante la noche, se acumula agua de condensación que en caso de helada se congela produciendo daños adicionales.

197. Compost: ¿Qué elemento debe contener nuestro compost para que pueda utilizarse también como abono para las rosas?

La mezcla óptima se obtiene mediante una proporción equilibrada de restos del jardín y restos de hortalizas crudas. Los restos de comida hervidos, las cáscaras de huevo y las camas de animales pequeños no deben añadirse al compost. Es conveniente mezclar material blando y húmedo (restos de verdura cruda, hojas verdes, restos de poda del césped y de los arbustos) con material estructural seco (ramas picadas, restos de poda de setos, hojas secas, paja, virutas de madera). Aplique solo compost bien madurado en los arriates, que no tenga podredumbres ni esté en proceso de fermentación. Un compost en buen estado y maduro es de color marrón y granuloso y huele a tierra.

Nota importante: si quiere utilizar compost para cultivar sus rosales, no debe añadirle los restos de las podas de los rosales ni hojas caídas enfermas, ya que hay esporas de hongos que pueden sobrevivir a los procesos de transformación que tienen lugar en el compostero convirtiéndose así en nuevos focos de infección cuando se aplica el compost.

198. Cortar rosas para el jarrón de flores: ¿Cuándo y cómo se cortan las rosas para poder ponerlas en un jarrón y que duren el máximo tiempo posible?

➤ El mejor momento para cortar las flores es a primera hora de la mañana. Si no puede hacerlo a esa hora de la mañana, espere al atardecer. Durante el mediodía desciende considerablemente la cantidad de agua que contiene la planta, lo que reduce su vida como flor de corte.

➤ Elija flores que ya muestren su color y cuyos sépalos estén despegándose.

➤ Introduzca los tallos florales en el agua lo antes posible y corte previamente los extremos de forma sesgada.

➤ El agua del jarrón deberá estar tibia.

➤ Quite las hojas que pudieran tocar el agua, de este modo se previene la podredumbre.

199. Cuidados de los rosales de interior: Para mi cumpleaños me han regalado rosales de interior. ¿Qué debo tener en cuenta para cuidarlos? ¿Puedo trasplantarlos al exterior?

Disponga los rosales enanos al lado de una ventana luminosa pero no demasiado soleada. La orientación ideal de las ventanas es el este y el oeste. Como en todos los rosales cultivados en macetas, es importante regar y abonar regularmente, para lo que se recomienda el uso de abono líquido. En invierno el aire seco de la calefacción con frecuencia resulta problemático, pues los rosales padecen fácilmente del ataque de arañas rojas. Para contrarrestar esto, pueden disponerse cuencos con agua sobre la repisa de la ventana. En ningún caso pulverice agua sobre el follaje, pues el rosal no tolera las hojas húmedas ni siquiera en interiores. Para trasplantar al aire libre los rosales de interior es conveniente elegir un emplazamiento resguardado y realizar el traslado en verano para que las plantas acostumbradas al calor puedan aclimatarse antes del invierno.

200. Cuidados de los rosales en macetas:

Me encantan las rosas pero no tengo jardín, por eso quiero cultivar rosales en macetas para tenerlas en el balcón de mi casa. ¿Qué debo tener en cuenta para que prosperen?

Aparte de la elección adecuada del recipiente, cultivar rosales en maceta con éxito requiere la aplicación de cuidados adecuados de forma regular, y estos cuidados empiezan en el momento de plantar el rosal.

CONSEJO EXTRA

Alargar la vida de las rosas de corte

Si se introducen los extremos de los tallos cortados durante tres segundos en agua hirviendo se liberan los vasos conductores del tallo de las burbujas de aire que las bloquean y mejora el abastecimiento de agua.

Nunca debe disponerse el ramo de flores directamente al sol y por las noches es mejor que esté en un lugar más fresco. Si aún así, tras pasar unos días, las flores parecen pochas, déjelas por la noche en la bañera y vuelva a cortar los tallos debajo del agua.

Proteja los rosales enmacetados que tiene en el balcón rodeando la maceta con esterillas de caña y rellenándolas, por ejemplo, con paja.

➤ **Enmacetar:** la mejor época para plantar rosales de raíz desnuda (→ página 129) en macetas es en primavera. Los rosales en contenedor pueden trasplantarse a otras macetas durante toda la temporada, pues ya tienen cepellón. El recipiente nuevo deberá ofrecer un diámetro 10 cm mayor que el del contenedor. En la parte inferior del recipiente introduzca una capa de 2-5 cm de gravilla, trozos de cerámica rota o arcilla expandida a modo de drenaje. El sustrato que se utilice debe ser de estructura estable. Para trasplantar los rosales de contenedor puede usar sustrato preparado para rosales. Los rosales de raíz desnuda al principio no toleran ese sustrato tan abonado, por lo que puede usar tierra de jardín mezclada con un material que estabilice la estructura (por ejemplo, arcilla expandida) en una proporción del 10%. Regar bien la maceta después de plantar el rosal.

➤ **Cuidados de mantenimiento:** en una maceta el volumen de tierra es limitado; eso significa que las reservas de sustancias nutritivas y de agua son limitadas y deben restituirse constantemente. Como abono se recomiendan los abonos líquidos que simplemente se añaden al agua de riego (abonar solo hasta mediados de julio, luego ya no), aunque también pueden usarse abonos de liberación. Los abonos puramente orgánicos no tienen mucho sentido en el cultivo en maceta, pues necesitan para su transformación microorganismos del terreno que aquí no están disponibles. Si el tiempo es seco se requiere riego diario, pero procure que no se encharque la maceta. Coloque los recipientes sobre listones de madera o pies especiales para garantizar un buen drenaje.

➤ **Protección durante el invierno:** los rosales serán igualmente resistentes a las heladas en las macetas, pero el volumen reducido de tierra se congela antes que la tierra en un terreno abierto. Generalmente no suele dañar a las plantas si la tierra se congela lentamente y se descongela poco a poco. El peligro son los cambios bruscos. Los días soleados la tierra se calienta muy rápido, especialmente dentro de macetas negras de plástico, y si a esos días le siguen noches gélidas el proceso se invierte. Para evitar estos saltos de temperatura se resguardan las plantas colocándolas durante el invierno en un lugar a la sombra y empaquetando las macetas con material aislante (→ foto página anterior), una base de poliexpán y un acolchamiento con hojas secas. Además procure sombra a los tallos con telas de saco o broza.

201. Disminución de la altura: ¿No se está cohibiendo el crecimiento del rosal si se poda regularmente?

En principio sí, pues los tallos se rebajan entre uno y dos tercios de su longitud. Pero también es cierto que una poda de rebaje estimula la formación de nuevos brotes más vigorosos, que compensan rápidamente la pérdida en altura, y además consigue una ramificación más densa. El objetivo de podar un rosal no es tanto la regulación de su altura como conseguir una densa floración. La altura final de un rosal arbustivo solo se alcanza al cabo de los años.

202. Eliminar las flores marchitas: ¿Por qué se recomienda cortar las flores marchitas? ¿Es por motivos estéticos?

Eliminar las flores marchitas de las variedades de floración recurrente estimula la formación más rápida de nuevas yemas florales. El rosal invierte la energía en seguir floreciendo en vez de en el desgastante proceso de desarrollar frutos.
Si el rosal es de floración anual única, no es necesario realizar esta poda estival (→ página 146) a no ser que le disgusten las flores marchitas. Además, si se quieren cosechar escaramujos no hay que desprender los ovarios.

203. Escardar: ¿Es cierto que no se debe escardar alrededor de los rosales para quitar las malas hierbas?

Escardar la tierra no solo elimina malas hierbas indeseadas sino que también permite volver a obtener una consistencia granulosa de la tierra superficial. De este modo se mejora el aporte de agua y aire a la tierra. Particularmente en los suelos pesados, la capa superior tiende a formar una costra tras largos periodos de precipitaciones y posteriores sequías. Asimismo, tras largas semanas de calor estival durante las cuales se ha regado con la manguera, el terreno se apelmaza superficialmente.

Si usa la azada o el escardador para mullir el suelo, no levante más de 10 cm pues de lo contrario existe el riesgo de dañar alguna raíz. Si se quiere mullir el terreno a mayor profundidad, lo ideal es usar la horquilla excavadora (→ página 164).

204. Escasa floración: Tengo un rosal trepador que crece sobre un arco. Su crecimiento es bueno, pero apenas le salen flores. ¿A qué puede deberse?

Compruebe si el rosal recibe bastante sol y si el suelo le ofrece suficientes sustancias nutrientes en proporciones equilibradas (consultar el análisis del terreno en la página 95). Un aporte excesivo de nitrógeno sumado a un aporte insuficiente de potasio puede conducir a un desarrollo abundante de tallos y follaje a la vez que a una inhibición de la floración del arbusto. Sin embargo, la causa más frecuente del fenómeno mencionado en el caso de los rosales trepadores es una errónea disposición de los tallos en la base de apoyo (→ página 157). Los tallos que crecen erguidos en vertical reciben estímulos para crecer sobre todo a lo largo. Evidentemente esto es algo deseable en el caso de los tallos principales. Procure siempre atar una parte de los tallos laterales en horizontal o conducirlos en espiral en torno al arco. Esto influirá en la distribución de las hormonas de la planta por la madera y los tallos dispuestos en horizontal producirán más flores.

205. Esquejes de tallo: He oído decir que los rosales pueden multiplicarse fácilmente mediante esquejes de tallo. ¿Cómo se hace?

?

La multiplicación de rosales mediante esquejes de tallo se recomienda sobre todo en el caso de rosales arbustivos, trepadores y cubridores, pues ofrecen bastante material para preparar esquejes y además prosperan bien como plantas de raíz propia (→ página 45).

➤ Corte los esquejes a finales de otoño, a finales de noviembre, o a principios de primavera antes de que la planta brote, siempre que no lleve hojas.

➤ Elija tallos bien maduros con un diámetro similar al de un lápiz. Es conveniente que hayan llevado flores la temporada anterior. Córtelos en partes de unos 20 cm de longitud (→ foto 1).

➤ Plante los esquejes a ser posible ya en el lugar definitivo previsto. El suelo debe mullirse previamente un poco. Hunda los esquejes en la tierra hasta que solo sobresalga la yema superior (→ foto 2).

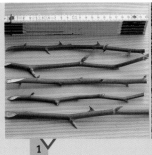

1

2

Los esquejes de tallos se cortan durante la época de reposo de la planta en invierno. Deben tener un diámetro similar al de un lápiz y unos 20 cm de longitud.

Lo ideal es plantarlos directamente en el terreno a una profundidad suficiente para que solo quede en la superficie la yema superior.

ROSALES DE MACIZO

'APRIKOLA'

Este resistente rosal con el sello de garantía ADR tiene flores de tono melocotón, tan popular últimamente, y forma parte de la colección Rigo-Rosen de la empresa Kordes. Alcanza 60-70 cm de altura.

'BERNSTEIN ROSE'

Rosal nostálgico de la marca Tantau con flores muy densas de aspecto romántico. Tiene un delicado aroma y alcanza 50-70 cm de altura.

'BLUE PARFUM'

Su llamativo color atrae todas las miradas. Su perfume es embriagador. Mide 60-70 cm de altura.

'CELINA'

Este rosal con el distintivo ADR es de la serie *Flower Carpet* de la casa Noack. Llama la atención por sus frondosos ramos de flores desde mayo hasta la llegada de las heladas. Alcanza 70 cm de altura.

'HOME & GARDEN'

Rosal de la serie *Märchenrose* del cultivador Kordes que ofrece unas flores densas partidas en cuatro de aire romántico. Llega a medir 80 cm de altura.

'LEONARDO DA VINCI'

Esta variedad *Romantica* queda bien junto a rosas antiguas o inglesas por el aspecto antiguo de sus flores. Alcanza hasta 80 cm de altura.

'LIONS ROSE'

Este rosal de la serie *Märchenrose* es del año 2002 y ha obtenido el distintivo ADR. Llama la atención por su suave color y su gran capacidad de resistir el calor. Llega a medir 60 cm de altura.

ROSALES DE MACIZO

'MARIE CURIE'

Forma flores dobles medianamente llenas, de tonos muy apreciados entre el amarillo cobre y el marrón dorado. El arbusto alcanza 40-60 cm de altura.

'PLAY ROSE'

Planta muy adaptable, tiene el sello ADR; prospera incluso en emplazamientos difíciles y en semisombra. La planta alcanza 60-80 cm de altura.

'RICARDA'

Esta belleza de flor doble medianamente llena color salmón es de la casa Noack y está avalada por el distintivo ADR desde 1989. Alcanza 60-90 cm de altura.

'ROSENPROFESSOR SIEBER'

Variedad con el sello ADR que aúna la delicada belleza de sus flores con una gran resistencia y un gran vigor. Alcanza 80 cm de altura.

'SÄNGERHÄUSER JUBILÄUMSROSE'

Esta variedad de aspecto encantador y romántico tiene una flor de coloración muy atractiva. Alcanza 70 cm de altura. Queda bien junto a rosales ingleses.

'SCHÖNE DORTMUNDERIN

Arbusto que tolera bien el calor, soporta las heladas y es, en general, muy resistente. Se trata de una variedad con el distintivo ADR que se puede aplicar también para formar pequeños setos. Llega a medir 70 cm de altura.

'SOMMERWIND'

Este rosal con el sello ADR se llena de una gran cantidad de flores de pétalos fruncidos. Prospera también en emplazamientos difíciles. Alcanza 60 cm de altura.

➤ A continuación, regar bien y mantener la tierra siempre ligeramente húmeda durante los siguientes meses.

➤ Si la yema brota el arraigue se ha producido con éxito. Corte la punta del tallo una o dos veces para que el joven rosal se ramifique bien.

206. Esquejes de tallos: He oído decir que algunos rosales también pueden multiplicarse mediante esquejes de tallos. ¿Cuáles son y cómo se hace?

En principio, cualquier rosal puede multiplicarse mediante esquejes de tallos. De hecho, antes de que se introdujera el injerto de escudete, era uno de los métodos más habituales. Pero no siempre tiene sentido. Resulta ventajoso en el caso, sobre todo, de rosales enanos, tapizantes y silvestres, pues los esquejes serán plantas de raíz propia (→ página 45). En el caso de los rosales enanos, que con frecuencia se cultivan en macetas y jardineras, supone una ventaja pues el cepellón crece de forma más superficial. Los rosales cubridores y los silvestres se aplican en muchas ocasiones con la intención de formar setos o tapices densos; al tener su propia raíz, se puede aprovechar su expan-

1 Corte esquejes de unos 10 cm de longitud de tallos fuertes y verdes.

2 Introduzca el esqueje de modo que al menos se sumerjan dos yemas en el sustrato para criar plantas.

3 Riegue abundantement y cubra la mace con vidrio o una lámina para evit la evaporación.

sión mediante estolones y evitarse la molestia de tener que arrancar los tallos bordes. Sin embargo, los rosales Híbridos de té no resultan muy interesantes si no crecen sobre patrones. Con frecuencia carecen del vigor y la resistencia necesarios.

➤ Los esquejes se cortan preferentemente en junio o julio. Para ello, se eligen trozos de tallos fuertes, pero todavía verdes, no lignificados, preferentemente aquellos que lleven yemas de flores o que acaben de florecer. Los esquejes deberán medir unos 10 cm y tener dos o tres yemas de hojas.

➤ Elimine todas las yemas florales y todas las hojas menos las dos superiores (→ foto 1).

➤ Introduzca el esqueje en una maceta o una jardinera con sustrato arenoso (→ foto 2). Puede resultar de ayuda aplicar sobre el tallo un poco de producto para enraizar, que puede obtenerse en comercios especializados.

➤ Riegue bien los esquejes (→ foto 3) y cubra las macetas con un vidrio o una tapa de plástico o lámina transparentes para garantizar un alto índice de humedad. Si las temperaturas son elevadas, ventile el esqueje de vez en cuando.

➤ Disponga el recipiente en un lugar luminoso pero no demasiado soleado.

➤ Tras 4-8 semanas se habrán formado las raíces. Entonces se pasan a macetas individuales con sustrato más nutritivo.

➤ Durante el primer invierno hay que mantener las plantas en un lugar libre de heladas. Más adelante se pueden plantar ya en el jardín.

207. Estiércol: ¿Es cierto que el estiércol es un buen abono para rosales?

En principio, sí. Sobre todo, son típicos el estiércol de caballo y de vaca. Contienen numerosas sustancias nutritivas, mejoran la tierra de forma eficaz y crean humus. Pero hay que tener en cuenta que el estiércol de caballo y de vacuno no debe nunca usarse fresco, pues todavía contiene demasiada urea, que puede producir quemaduras en los rosales. El estiércol debe dejarse a la espera al menos durante un año o compostarse.

El estiércol de ganado porcino y de aves solo debe usarse, si es que usa, después de compostarlo.

208. Estimular la floración: ¿Se puede hacer algo para estimular la floración de los rosales?

La densidad de la floración depende de varios factores:

➤ La variedad es determinante. Hay variedades de floración muy intensa y otras que tienen una floración más modesta.

➤ Un emplazamiento adecuado es decisivo. Para que un rosal despliegue todo su esplendor floral requiere mucha luz solar y un buen aporte de nutrientes. Los emplazamientos semisombríos o sombríos conllevan una floración menos abundante. El aporte de nutrientes puede controlarse mediante el abonado (→ página 176). Las propiedades del terreno son mejorables si se añaden los componentes correspondientes (→ página 114).

➤ Una poda regular (→ página 166 y siguientes) estimula el desarrollo de los tallos de los que crecen las flores. Es imprescindible sobre todo en el caso de los rosales de varias floraciones.

➤ Una poda de verano (→ página 167) aumenta el vigor de la segunda floración en el caso de las variedades que florecen más de una vez.

➤ Se puede conseguir un aumento de yemas florales en los rosales trepadores si se fijan en horizontal algunos tallos (→ página 157).

209. Estimular la segunda floración: ¿Es posible aumentar la intensidad de la floración de un rosal de floración recurrente abonándolo a finales de verano y en otoño?

Sí, es posible. Los rosales de varias floraciones anuales agradecen un segundo abonado durante su época de floración principal o poco después de la misma, aproximadamente a finales de junio o principios de julio. La primera floración, que generalmente es muy profusa, ha supuesto una gran inversión de energía al rosal. En ese momento la planta requiere un nuevo aporte de energía para seguir desarrollando tallos que puedan ser portadores de nuevas yemas florales.

También hay que tener en cuenta que no es conveniente abonar más allá de mediados de julio. Todos los productos que contienen nitrógeno están vetados a partir de ese momento (→ página 176).

210. Flor seca: **¿Cómo puedo secar las rosas de mi jardín para usarlas en ramos, coronas o composiciones de flor seca?**

Las rosas se pueden dejar secar al aire o con sal.

➤ Para que se **sequen al aire** se cuelgan de los tallos boca abajo. Juntar con una goma no más de diez flores, pues de lo contrario no se secan bien las que están dentro y se enmohecen, y cuelgue los ramos en un lugar seco bien ventilado, como un cuarto trastero o en la buhardilla. Una vez que han pasado entre dos y cuatro semanas, dependiendo de la temperatura y el ambiente de la estancia, se habrán secado y podrán utilizarse con fines decorativos. Al secar las rosas al aire hay que tener en cuenta que les cambia el color.

➤ Si desea mantener los colores es preferible el **secado con sal.** Para ello se colocan las flores en una caja de latón o de cartón y se añade sal para secar (se puede obtener en las tiendas de manualidades). Deben estar rodeadas de sal. Tras unos días de reposo en un lugar caliente y seco se habrán secado. La sal puede secarse en el horno de la cocina y volver a usarse.

211. Guía para trepar sobre árboles: **¿Cómo consigo que un rosal sarmentoso crezca entre las ramas de un árbol y qué árboles son adecuados como soporte?**

Para trepar sobre elevadas copas de árboles solo son aplicables rosales sarmentosos vigorosos (→ página 86).

➤ Plante el rosal a una distancia aproximada de un metro del tronco del árbol. Prepare un hoyo de al menos 60 x 60 x 60 cm. Coloque el rosal ligeramente inclinado hacia el árbol.

➤ Si el árbol es de una especie con raíces densamente enmarañadas resulta ventajoso utilizar un bloqueo de raíces durante la fase de arraigo. La opción más económica es usar un cubo de plástico. Quítele el fondo y corte el cubo longitudinalmente. Coloque el cubo cortado en el borde del hoyo formando un semicírculo entre el tronco del árbol y el rosal.

➤ Para alcanzar el tronco con las ramas inferiores de la copa, el rosal sarmentoso necesita un elemento de guía. Lo ideal es una escalera vieja alrededor de cuyos peldaños puede guiar los tallos largos hacia arriba, pero igualmente cumplen esta función cuerdas resistentes o varas de madera o metal. Procure no dañar la corteza del árbol o hendirla cuando fije la guía al árbol. Una vez que el rosal sarmentoso haya alcanzado las primeras ramas de la copa será capaz de avanzar solo hacia las alturas ayudándose de sus aguijones y sus densas ramas.

➤ Para esta propuesta de diseño de cuento resultan idóneas, sobre todo, las especies de árboles con copas abiertas y en las que penetran bien los rayos solares, como por ejemplo frutales viejos, robinias o piceas viejas. Los árboles de denso follaje, como los tilos, tienen el interior de la copa demasiado sombrío y el rosal no obtendría suficiente luz. Los árboles deben tener unas ramas fuertes para poder soportar el peso del rosal sarmentoso. Eso supone que deberán ser ya adultos.

212. Guiar los rosales trepadores: ¿Cómo consigo que mis rosales trepadores crezcan en la dirección correcta?

El impulso determinante puede dárselo al rosal ya en el momento de plantarlo (→ página 119): dispóngalo inclinado hacia el apoyo y desde un principio se desarrollará en el sentido correcto.

Los rosales sarmentosos requieren una guía para que les ayude a trepar hasta las ramas inferiores del árbol.

Además, de vez en cuando, hay que levantar los tallos nuevos vigorosos que crecen desde la base y sujetarlos. Mientras todavía están blandos y aún no se han lignificado, resulta fácil guiarlos en la posición deseada. Es conveniente atar siempre algunos tallos laterales en horizontal (para obtener más detalles sobre la distribución de los tallos sobre la base de apoyo, consúltese el punto relativo al guiado sobre bases de apoyo para trepar en la página 175).

213. Guiar rosales sobre espalderas: Quiero que nuestro rosal trepador crezca apoyado en una espaldera. ¿Cómo lo sujeto a la espaldera para que florezca densamente y no se quede ralo en la zona inferior?

➤ Guíe los tallos principales formando un abanico y cubriendo toda la superficie de la pared hacia arriba. Guíe los tallos laterales a ser posible buscando la horizontal (→ foto página siguiente), pues de este modo desarrollan más flores. Esto tiene que ver con la distribución de las hormonas por la planta.

➤ En la zona de su base los rosales trepadores tienden con frecuencia a quedarse ralos, especialmente si los tallos se han dispuesto rectos en sentido vertical, pues en estas plantas brotan preferentemente las yemas superiores.

CONSEJO EXTRA

No confundir los tallos

Con un resultado desastroso, muchos aficionados a la jardinería confunden los tallos jóvenes, gruesos y largos, que los rosales trepadores desarrollan de vez en cuando en la base, con tallos chupones, y los cortan, como suele hacerse en el caso de otras plantas leñosas.

Pero en el caso de los rosales trepadores se trata precisamente de los tallos necesarios para rejuvenecer la planta. Sujételos para que asciendan y elimine de vez en cuando los tallos envejecidos.

Si guía los tallos laterales en horizontal sobre la espaldera, brotarán más flores.

Puede solucionar esto si se fijan los tallos laterales más hacia abajo.

➤ Otra opción es rebajar algunos tallos más endebles de la base de modo que se ramifiquen en la parte inferior y produzcan, gracias a esta poda escalonada, flores también en la parte inferior del arbusto. Esta medida es razonable sobre todo cuando los rosales trepadores se usan para cubrir arcos, columnas u obeliscos.

214. Harina de cuerno: ¿La harina de cuerno también es un abono adecuado para rosales? Si es así, ¿cuándo hay que aplicarla y en qué cantidad?

La harina de cuerno es un abono orgánico estupendo (→ página 137). Aporta a las raíces de las plantas sobre todo nitrógeno, que es la sustancia nutriente más importante para el crecimiento y el desarrollo del follaje. Por eso se requiere suficiente cantidad durante el periodo en que brotan los tallos. Los abonos orgánicos se liberan lentamente y tienen que ser transformados en el suelo, lo que requiere un tiempo. Por ello, se abona con harina de cuerno ya en invierno. La dosis es de unos 100 g/m².

215. Hora de riego: ¿A qué hora del día es preferible regar?

➤ Lo mejor es regar a primera hora de la mañana, cuando el aire es todavía fresco. De este modo el agua tendrá tiempo suficiente para penetrar en el suelo, en vez de evaporarse en el aire y desaprovecharse, como ocurre durante las horas de calor al mediodía.

➤ Evidentemente, también refresca al anochecer, pero a esas horas existe el riesgo de que las hojas humedecidas por el agua no se sequen lo suficientemente rápido durante la noche. En ese caso los rosales padecen con mayor frecuencia enfermedades producidas por hongos. Y lo cierto es que aunque se vierta con cuidado el agua en la zona de las raíces no siempre es fácil evitar las salpicaduras, al menos sobre las hojas más cercanas al suelo.

 Abone los rosales antes de que broten con harina de cuerno y así obtendrán las sustancias nutrientes en el momento adecuado.

216. Iniciar el abonado: ¿Cuándo debo iniciar el abonado después de haber plantado los rosales?

El primer abonado ya se le ha ofrecido al rosal durante la plantación (→ página 115). Mediante el aporte de compost o sustrato especial para rosales, que ya está abonado en la proporción adecuada, el rosal puede obtener todos los nutrientes necesarios durante el primer año.

A partir del segundo año, es conveniente proceder según un programa de abonado específico.

217. Injerto de escudete: He oído decir que los rosales se multiplican mediante injertos de escudete. ¿Cómo se hace? ¿Puedo hacerlo yo mismo?

Para un jardinero aficionado resulta más fácil y promete más éxito la aplicación de otros métodos de multiplicación, como los esquejes apicales, los esquejes de tallo (→ página 151-152) o los acodos (→ página 139).

El injerto de escudete requiere algo de práctica y se aplica sobre todo en la jardinería profesional. Su ventaja estriba en el hecho de que se requiere poco material para el injerto, lo que permite multiplicar de forma rápida gran cantidad de ejemplares. Una yema injertada es suficiente para obtener una nueva planta joven. El injerto se realiza sobre un patrón silvestre previamente cultivado (→ página 39).

INCISIÓN EN LA YEMA:
Corte la yema de
arriba a abajo con
una pequeña sección
longitudinal del tallo.

1

LIMPIAR EL PATRÓN:
Quite la suciedad en
el punto de injerto
del cuello de la raíz
con un trapo.

2

3

INSERTAR EL INJERTO:
Realice una incisión en
forma de T en la corteza e
inserte la yema.

4

FIJAR LA YEMA INJERTADA.
Una el punto del injerto
con un junco o un
esparadrapo.

La época idónea para realizar los injertos de escudete es en julio o agosto.

➤ Se corta la yema de una variedad injertada con una pequeña sección de corteza (→ foto 1).

➤ En el patrón se despeja el cuello de la raíz (la zona entre las raíces y los tallos) y se le pasa un trapo limpio (→ foto 2).

➤ A continuación se realiza una incisión en forma de T atravesando la capa de la corteza con una cuchilla especial limpia y afilada que previamente se ha esterilizado con agua hirviendo. Los dos colgajos de corteza se separan ligeramente del tallo y se introduce el injerto insertando la yema desde arriba hacia abajo. El material que sobresale del dibujo de la T se recorta (→ foto 3).

➤ El punto de injerto se rodea con mimbre o con una goma de modo que solo sobresalga la punta de la yema. De este modo se aprieta fuertemente sobre la base y se estimula su unión (→ foto 4).

➤ Una vez que haya brotado la variedad injertada, se cortan completamente los tallos bordes superficiales. El rosal silvestre ya solo formará las raíces de la nueva planta. Los tallos superficiales serán de la variedad injertada.

218. Mantenimiento de la tierra: ¿Cómo debo cuidar la tierra años después de haber plantado en ella un rosal y poder así ofrecer a la planta unas condiciones óptimas para su desarrollo?

➤ Tras haber plantado el rosal, durante el primer año procure que la tierra esté siempre húmeda, pues durante esta época el rosal debe desarrollar sus raíces.

➤ Aporte cada invierno una cantidad generosa de compost sobre la superficie del suelo que cubre las raíces del rosal: suministra un abono de larga duración a la tierra y mejora su consistencia. El compost eleva el contenido de humus (→ página 109) e influye positivamente en la cantidad de nutrientes, agua, aire y calor disponibles. Si no puede conseguir compost, también puede compensar la sustracción de nutrientes por parte del rosal mediante el uso de abonos de efecto lento (→ página 186) y la aplicación de un programa de abonado equilibrado.

Aparte de esto, es conveniente aligerar el suelo en la zona de las raíces al principio de la temporada (→ página 164).

219. Medidas de protección invernal: ¿Cuáles son las medidas óptimas de protección invernal para los diferentes grupos de rosales?

➤ Los rosales silvestres no suelen requerir ningún tipo de medidas de protección invernal. Si alguna parte de la planta se hiela, se poda en primavera cortando por donde el tallo leñoso esté sano.

➤ Asimismo, los **rosales arbustivos** son relativamente poco sensibles, si bien se recomienda, al igual que para todos los rosales arbustivos, aporcar tierra en la base de la planta (→ página 141). Esta medida resguarda el punto de injerto del frío gélido que va penetrando en el terreno. Para ello se vierten entre 20 y 30 cm de tierra del jardín o de compost sobre la zona donde crecen las raíces. De este modo también se protegen las yemas durmientes (→ página 13) en la base de los tallos y el rosal podría rebrotar incluso si las partes superiores de los tallos se helaran. En zonas muy gélidas también puede colocar un abrigo protector de esterillas de caña alrededor del arbusto y rellenarlo con hojas secas a modo de aislante.

En el caso de los **rosales de macizo** y los **rosales injertados**, es conveniente cubrir los montículos de tierra aporcada con acículas o ramas de coníferas (→ foto 1, página 176). De este modo se procura sombra a los tallos y se protege las yemas para que no broten prematuramente.

➤ A los rosales trepadores, en particular aquellos que están emplazados delante de muros o en arcos expuestos al sol, se les cubren los tallos con arpillera, fieltro o acículas para protegerlos del exceso de sol y calor. En los arcos u otras guías se envuelven y atan los tallos junto a la estructura con la protección invernal formando un paquete compacto (→ foto 2, página 176).

En el caso de los rosales de pie alto, el punto de injerto se encuentra en la copa. Estos arbolillos no requieren aporcado sino protección en la copa. Para ello existen dos opciones:

1. Los tronquitos jóvenes pueden doblarse con cuidado por encima del engrosamiento en la base del tronco (→ página 118) hacia el suelo y anclarse allí con un gancho o con ayuda de unas varillas. A continuación se cubre la copa con tierra, compost u hojas secas.

2. Los troncos de más edad generalmente no pueden doblarse. En vez de eso se retira hacia atrás ligeramente la copa y se cubre con un saco de lino o con fieltro (→ foto 3, página 176). También pueden atarse ramas de coníferas alrededor de la copa y proteger de este modo los tallos del sol.

220. Menor floración: En los últimos años mi rosal ha tenido una floración abundante y bella, pero ahora apenas echa flores. ¿A qué se debe eso?

La intensidad de floración de los rosales puede depender de varios factores:

➤ **Poda**: si se trata de un rosal de varias floraciones anuales, una poda regular es la condición más importante para una floración abundante. Al realizar una poda de rebaje (→ página 166 y siguientes), se estimula la formación de muchos tallos nuevos de los que brotan flores en el mismo año. Si no reciben este impulso, los tallos del último año formarán menos tallos leñosos jóvenes y por lo tanto su floración será menor.

Además, todos los rosales, incluso los de una única floración anual, requieren de vez en cuando una poda de rejuvenecimiento. Cada dos a cuatro años, dependiendo del rosal, es conveniente cortar el tallo más viejo. Así, del rosal brotarán nuevos tallos principales desde la base de los que saldrán más flores que del tallo leñoso viejo. Si no se ha realizado durante muchos años una poda de este tipo, se puede aplicar también una poda de rejuvenecimiento completa (→ página 166).

➤ **Abonado**: si su rosal ha producido numerosas flores en los años pasados y ahora ha disminuido su floración, también puede deberse a un cambio en las sustancias nutrientes dispo-

Con una horquilla excavadora de varios dientes puede aligerarse el suelo en profundidad pero con suavidad.

nibles. Procure aplicar un abono equilibrado al inicio de la temporada (→ página 176). Los rosales de varias floraciones anuales agradecerán además un segundo abonado justo después de su época de floración principal.

➤ **Realizar un análisis del suelo**: además de todo esto, es recomendable que una entidad avalada realice periódicamente un análisis del suelo (→ página 128). Esto le proporcionará información precisa sobre la concentración y la composición de las sustancias nutrientes importantes para las plantas contenidas en la tierra de su jardín. Generalmente se adjuntan al análisis recomendaciones específicas de abonado (anotar que va a plantar rosales en ese terreno cuando entregue las muestras de tierra).

221. Mullir el suelo: ¿Es posible cavar la tierra del macizo de rosales para mullirla?

Con la azada o el escardador solo se debe mullir la tierra de forma muy superficial (máximo 10 cm de profundidad) en el entorno de las raíces del rosal. De otro modo, podrían dañarse las raíces más cercanas a la superficie.

Sin embargo, como plantas de raíces profundas que son, los rosales aprecian que se aligere en profundidad el terreno y se mejore el aporte de oxígeno. Para ello la herramienta idónea es una horquilla excavadora de varios dientes. Clávela en el suelo cada 15-20 cm y mueva el mango de un lado a otro. Eso es suficiente para romper estructuras apelmazadas de forma suave y permitir de nuevo el acceso de aire a la tierra sin romper demasiadas raíces. El momento ideal es en primavera, cuando se alisa la tierra aporcada.

222. Periodo de aplicación de protección invernal: ¿Cuándo se coloca la protección invernal y cuándo se vuelve a retirar?

No hay que empezar demasiado pronto con la aplicación de las medidas de protección invernal. Antes, la madera debe haber madurado bien. No hay una fecha precisa para esta labor, dependerá del clima de la región y del tiempo que haga cada año. Generalmente resulta un buen momento a mediados de diciembre, antes de que se congelen las capas superiores del terreno. La protección invernal se retira cuando haya finalizado el riesgo mayor de heladas nocturnas intensas, habitualmente a finales de marzo o principios de abril. Lo ideal es combinar la retirada de la protección invernal con la poda de los rosales antes de que las plantas empiecen a brotar en primavera. Para ello elija un día nublado.

223. Plantas a los pies del rosal: ¿Es posible plantar otras plantas en la base de mi rosal de pie alto?

Los expertos indican que cada planta adicional en la maceta supone competencia para el rosal a la hora de asimilar agua y nutrientes en un espacio ya de por sí limitado para las raíces. Por otro lado, los rosales en maceta requieren unos cuidados más intensos (→ página 145) y quizás por eso no les importe mucho tener algún huésped en la maceta. Lo importante en cualquier caso es que las necesidades de las planta acompañante coincidan con las del rosal. Se recomienda que sea una planta anual de floración estival de verano porque tienen una floración de colores intensos y duraderos y requieren cuidados similares a los del rosal. Las plantas de formas colgantes como la lobelia o la lobularia marítima, que penden de forma decorativa del borde de la maceta, quedan bien con los rosales de pie alto. Para evitar que las raíces de ambas plantas se enreden con el tiempo y preservar las raíces de los rosales cuando se plantan o extraen de la maceta, las plantas acompañantes pueden enterrarse con su maceta en el recipiente donde está el rosal.

224. Poda: ¿Es necesario podar los rosales? ¿Acaso no crecen y florecen sin que se poden?

Por supuesto, los rosales también crecerían y florecerían en cierto grado sin la intervención del hombre. Pero lo cierto es que se ha demostrado que una poda regular influye de forma positiva en el crecimiento y, sobre todo, en la profusión floral. La poda estimula la regeneración y el rejuvenecimiento permanente del rosal así como su vitalidad. La frecuencia, el momento y la intensidad de la poda dependen de cada forma de crecimiento (→ página 28) y del ritmo de floración (una floración o varias floraciones anuales) del rosal.

225. Poda de aclarado: He oído decir que los rosales solo requieren de vez en cuando una poda de aclarado. ¿De qué se trata?

Una poda de aclarado es una ligera poda de mantenimiento. Se limita a la eliminación de madera enferma o muerta y de tallos demasiados juntos, que se cruzan o se rozan. Aparte de esta poda cada pocos años, se cortan los tallos muy viejos para mantener la planta joven y vital y estimular el crecimiento de nueva madera de la que broten flores. El objetivo de este tipo de poda es conseguir que dentro del arbusto haya una ventilación mejor y más luz para que crezca sano y florezca abundantemente. Se realiza la poda de aclarado en primavera.

226. Poda de rejuvenecimiento: ¿Qué es una poda de rejuvenecimiento y cómo se realiza?

Una poda de rejuvenecimiento es una cura radical para rosales bastante viejos que florecen con menos profusión, se van quedando ralos por la base o cuyo aspecto en general ya no resulta atractivo. Los expertos llaman a esta medida poda de renovación (→ página siguiente). Cuando se realiza la poda de rejuvenecimiento se cortan todos los tallos de varios años casi al nivel del terreno (15 a 20 cm de altura) y solo se dejan sin tocar los tallos jóvenes del año anterior. Puesto que esta medida supone una interrupción drástica en la vida de la planta, no debe hacerse con frecuencia y solo durante el periodo de reposo vegetativo (el momento ideal es a principios de primavera antes de que empiece a brotar). Durante la siguiente temporada el arbusto se reconstruirá de nuevo.

227. Poda de renovación: Una vecina me ha recomendado que le haga una poda de renovación a mi rosal, que es viejo y de floración escasa. ¿A qué se refiere?

La poda de renovación o de rejuvenecimiento (→ página anterior) supone cortar todos los tallos justo por encima del suelo. Solo se dejan las cañas verdes de la temporada anterior. Esta actuación estimula el crecimiento de nuevos brotes desde la base del arbusto, que vuelve a formarse de nuevo.

El momento ideal de realizar esta poda de rejuvenecimiento es en primavera (a finales de marzo o principios de abril) antes de que broten las hojas.

228. Poda de verano: He leído con frecuencia que se habla de una poda de verano para las rosas. ¿De qué se trata?

En los rosales reflorecientes se cortan durante toda la temporada regularmente las flores marchitas (→ foto, página 170). De este modo la planta se ahorra el gran esfuerzo que supone la formación del fruto y puede invertir toda su energía en producir más flores. Las variedades con flores dispuestas en ramos tienen la característica de que en primer lugar se marchitan las rosas principales del centro, que habrá que desprender de forma individual. Una vez que todo el ramo se haya marchitado se poda a la altura de la siguiente hoja totalmente desarrollada.

Para algunas formas de crecimiento se recomienda como poda estival rebajar los tallos laterales hasta dejar solo unas pocas yemas. Cuanto más vigorosos sean la yema superior y el tallo en el lugar de la sección –algunos expertos recomiendan que tenga el diámetro de un lápiz–, más rápido echará nuevas flores.

Sin embargo, hacia finales de año no es deseable que crezcan nuevos tallos para no arriesgar la resistencia de estos a las heladas. Por eso, a partir de agosto, solamente se podan las flores marchitas. En las variedades que producen escaramujos no se desprenderán las últimas flores.

229. Podar. Época: ¿Cuándo es el mejor momento para podar los rosales?

La poda más respetuosa es la que se realiza durante el periodo de reposo vegetativo, cuando la planta no tiene hojas. Toda poda supone una agresión al equilibrio de la planta. Si se rebaja mucho un arbusto cubierto de hojas en verano, perderá una superficie considerable para la asimilación de nutrientes y se pone en peligro la alimentación de ciertas zonas de las raíces.

La planta puede sufrir una verdadera conmoción. Puesto que en nuestras latitudes hasta entrada la primavera hay que contar con heladas que pueden congelar los tallos nuevos, es preferible esperar a que este riesgo haya pasado en la medida de lo previsible. La época de poda más adecuada es a principios de primavera poco antes de que broten las yemas. La fecha exacta dependerá, como es evidente, del clima de la región y del tiempo particular de cada año. En zonas de clima más cálido el momento óptimo puede ser a mediados de marzo, mientras que en zonas más frescas puede ser a principios de abril. Un buen punto de referencia lo ofrece la flor de la forsitia. Lo ideal es juntar las labores de poda con el allanado de los montículos aporcados.

La excepción la constituyen los rosales de floración única anual. No se podan a principios de primavera, pues se les privaría de su floración. Las podas de formación no se llevan a cabo hasta después de la época de floración. Actuaciones más drásticas, como una poda de rejuvenecimiento (→ página 166), también se llevan a cabo durante el periodo de reposo vegetativo. Ahora bien, eso significa que ese año no florecerá el arbusto.

230. Podar. Herramientas: He adquirido un jardín bastante grande con rosales de todo tipo. ¿Qué herramientas de poda debo adquirir para cuidar los rosales?

➤ Las herramientas más importantes para podar son unas buenas tijeras para jardines o rosales (→ página 175). Es necesaria para podar las plantas y para la poda anual de los rosales pero también para cortar flores para el jarrón.

➤ Las **tijeras para podar ramas** tienen mangos más largos y por lo tanto un mayor efecto de palanca. Están especialmente indicadas para cortar tallos más gruesos pero también para el mantenimiento de los rosales trepadores. Su mayor alcance facilita la poda en las zonas más altas de los tutores.

➤ Las **sierras de cortar troncos** suelen tener dimensiones demasiado grandes para el mantenimiento de los rosales. Sin embargo, cuando se trata de realizar una poda de renovación de viejos rosales arbustivos o inmensos rosales sarmentosos, es decir, cortarlos poco por encima del terreno, son de gran utilidad puesto que los tallos viejos y nudosos cercanos al suelo pueden ser muy fuertes y gruesos.

➤ Las **tijeras de podar setos** no tienen ninguna utilidad en el mantenimiento de los rosales. Como mucho, pueden usarse para podar rosales cubridores de suelo plantados en grandes superficies (→ página 185).

231. Podar los rosales arbustivos: ¿Qué tengo que tener en cuenta a la hora de podar mis rosales arbustivos? ¿Cuándo debo realizar la poda?

De forma similar que en el caso de los rosales trepadores, también se realiza una poda diferente dependiendo de si se trata de una variedad de floración única o de varias floraciones anuales.

➤ Los **rosales arbustivos de floración única anual** desarrollan flores en la madera de varios años; de ella crecen tallos laterales en la siguiente temporada sobre los que se disponen las flores. Si se podaran en primavera antes de la eclosión, se mermaría en gran medida su esplendor estival.

Los rosales silvestres generalmente no se podan para no interferir en su crecimiento natural característico. Como mucho, se lleva a cabo una ligera poda de aclarado (→ página 166). Los rosales antiguos, de floración única, y los rosales arbustivos cultivados de floración única es mejor no tocarlos en primavera antes de que broten. Solo se realizarán correcciones de su forma tras la floración, rebajando tallos demasiado largos que molesten y, si fuera necesario, aclarando tallos dispuestos demasiado densamente con mucho cuidado. También pueden rebajarse los tallos laterales dejando de dos a cuatro hojas si la ramificación no es muy densa. Cada cuatro o cinco años se elimina un tallo principal envejecido. No es necesario cortar las flores marchitas salvo por motivos estéticos, pues no se espera una segunda floración, más bien al contrario, en el caso de las variedades fértiles, podrá disfrutar en poco tiempo de los escaramujos.

➤ Los **rosales arbustivos reflorecientes** producen flores en los tallos del año actual y los anteriores. Una poda de rebaje regular estimula al arbusto a formar nuevos tallos jóvenes y florecientes. En primavera se eliminan en primer lugar los tallos enfermos, muertos o entrecruzados. A continuación, se rebajan los tallos principales fuertes cortando aproximadamente un tercio de su longitud. Los tallos más débiles, así como los que se encuentran en el perímetro de la planta, se rebajan cortando incluso dos tercios de su longitud. De este modo se obtiene una estructura escalonada que mantiene el aspecto natural del arbusto. Cada dos o tres años se cortan los tallos más viejos en la base del arbusto. Para las variedades de varias floraciones, es importante que se corten las flores marchitas inmediatamente para garantizar una abundante floración recurrente a mitad de verano (→ foto). La sección debe

En los rosales reflorecientes, elimine continuamente las flores marchitas durante toda la temporada.

realizarse por encima de la siguiente hoja completamente desarrollada o incluso algo más abajo. Cuanto más vigorosa sea la yema superior remanente antes brotará una nueva flor.

232. Podar rosales cubridores de suelo: Se supone que los rosales aplicados como cubridores de suelo deben formar tapices densos. ¿Es necesario podar este tipo de rosales?

Si los rosales tapizantes (→ página 81) se aplican efectivamente para cubrir superficies no es necesario podarlos todos los años. Pero tras unos años, cuando disminuya la floración o ya no resulte atractiva la forma del rosal, habrá que echar mano de las tijeras de podar en primavera. Generalmente es suficiente rebajarlos hasta los 30 cm de longitud cada tres o cuatro años, en el caso de variedades de crecimiento más elevado se rebajan hasta la mitad. Para podar estas variedades vigorosas en grandes superficies pueden usarse sin remordimientos las tijeras de podar.

Si los rosales tapizantes se han plantado en un arriate cumplen más bien la función de rosales de macizo y por ello se podan al igual que estos anualmente para rebajarlos.

233. Podar rosales de macizo y rosales Híbridos de té: ¿Cómo debo podar mis rosales de macizo y mis rosales injertados?

Para estos grupos de rosales, en los que todas las variedades sin excepción tienen varias floraciones anuales, la poda de rebaje regular es fundamental. Además, es la más fácil y resulta sencilla incluso para principiantes:

➤ Pode en primavera, al igual que en todos los demás rosales, las ramas muertas, enfermas o demasiado viejas.

➤ Rebaje a continuación los tallos restantes hasta aproximadamente 20 cm de longitud dejando siempre entre tres y cinco yemas en cada tallo. Las variedades de porte bajo se rebajan más (tres yemas), las de crecimiento vigoroso se rebajan menos (cuatro o cinco yemas).

➤ Durante el verano retire de forma regular las flores que empiecen a marchitarse para estimular la siguiente floración. **En general vale para todos los rosales** lo siguiente: una poda de rebaje intensa produce un desarrollo intenso de nuevos tallos mientras que una poda de rebaje leve tiene como resultado un leve desarrollo de nuevos tallos.

234. Podar rosales de pie alto: ¿Los rosales de pie alto también requieren una poda regular? ¿De qué tipo?

La poda de los rosales de tronco alto depende de la variedad injertada. Generalmente se trata de rosales para macizos o de variedades de Híbridos de té. En estos casos los tallos de la copa se rebajan en primavera dejando de dos a cuatro yemas. Las ramas muertas, muy viejas, delgadas o que crecen hacia dentro de la copa se cortan del todo. Tras la floración se vuelve a rebajar todos los tallos en los que las flores ya se han marchitado dejando de dos a cuatro hojas. Esto estimula que broten nuevos tallos que, tras unas seis semanas, volverán a desarrollar flores.

➤ Los **rosales de cascada** (→ página 59) se crean injertando variedades de rosales trepadores. Solo se aclaran con cuidado. Cada dos años corte un tallo viejo –en primavera si se trata de una variedad de varias floraciones anuales y en verano tras la época de floración si la variedad es de una sola floración anual. Los rosales en cascada formados por variedades de rosales tapizantes colgantes también requieren solo una poda de aclarado. Si considera que ha disminuido la intensidad de floración también puede rebajar el rosal a la mitad para que vuelva a formarse la copa.

235. Podar rosales trepadores: ¿Qué tallos de mis rosales trepadores debo podar, en qué momento y cómo?

Los rosales trepadores es mejor dejarlos crecer y no podarlos durante los primeros dos o tres años años después de plantarlos. En los siguientes años la poda dependerá de si el rosal es de una variedad de floración anual o de floración recurrente.

➤ Las **variedades de varias floraciones** al año desarrollan flores tanto en los tallos jóvenes del año como en la madera de varios años. El objetivo de la poda es que la planta siempre tenga tallos de diferente edad. Realice en primavera una poda de aclarado (→ página 166). En esta poda, efectuada cada dos o tres años, elimine el tallo principal más viejo cortándolo en la base o rebájelo para guiarlo como tallo secundario en la zona inferior y guíe un tallo lateral hacia arriba a modo de nuevo tallo principal. De este modo se estimula a la planta para que desarrolle nuevos tallos principales y esté renovándose constantemente. Rebaje los tallos laterales gruesos dejando de dos a cuatro yemas (→ foto 1). En verano, tras la floración, se vuelven a rebajar los tallos laterales en los que ya se han marchitado las flores de nuevo dejando de dos a cuatro yemas. A lo largo de la temporada sujete los nuevos tallos con forma de látigo que crecen con vigor desde la base a la guía pues se

1 ⌄

Corte en primavera los tallos enfermos de los rosales arbustivos de una floración anual. La poda de formación se realiza tras la época de floración.

2 ⌄

En invierno rebaje considerablemente los tallos débiles y menos los más fuertes de los rosales arbustivos reflorecientes.

trata de los tallos que desarrollarán las flores en la temporada siguiente.

➤ Las **variedades de floración única** solo desarrollan flores en los tallos de varios años. En primavera, en este tipo de variedades se poda como mucho la madera muerta. La poda de verdad se realiza en verano después de la floración. Si es necesario se aclara con cuidado (→ foto 2, página anterior) y cada dos años se corta un tallo vertical viejo casi a ras de suelo. Los tallos laterales en los que las flores ya se han marchitado se rebajan dejando de dos a cuatro yemas. Los rosales sarmentosos de crecimiento vigoroso que se encaraman a los árboles pueden dejarse sin podar durante varios años. Si se hacen demasiado frondosos, se aclaran del mismo modo tras la floración cortando individualmente ciertos tallos o se poda en primavera la planta completamente antes de que brote y se deja que vuelva a formarse de nuevo. Los expertos también le llaman a esto poda de regeneración (→ página 167).

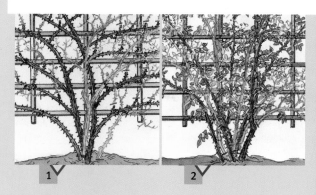

1

Si el rosal trepador es de una variedad de floración recurrente elimine regularmente el tallo más viejo y rebaje los tallos laterales.

2

Los rosales trepadores de una única floración anual solo se podan ligeramente en verano, justo después de la floración.

236. Podar. Tijeras: ¿Qué características tienen unas buenas tijeras para podar rosales? ¿Qué hay que tener en cuenta a la hora de adquirirlas?

Lo más importante de unas tijeras para podar rosales son unas cuchillas lisas y limpias. En los establecimientos especializados existen diferentes tipos de tijeras con distintas ventajas:

➤ **Tijeras de podar de bypass:** en este tipo de tijeras las cuchillas se desplazan friccionando la una contra la otra al cortar, del mismo modo que lo hacen unas tijeras domesticas. Una de las dos cuchillas tiene un perfil muy plano, de modo que permite iniciar el corte muy cerca de la rama y así no dejar muñones. Las tijeras de bypass generalmente tienen mangos cortos, por eso son adecuadas sobre todo para cortar tallos finos y jóvenes, labor principal a la hora de podar rosales.

➤ **Tijeras de podar Amboss:** en este caso el mecanismo se compone de una cuchilla afilada que golpea sobre una superficie recta. Estas tijeras facilitan el trabajo cuando se corta madera algo más dura y vieja, aunque existe el riesgo de aplastar el tallo, lo que hace que el rosal sea más susceptible a los agentes patógenos.

237. Podar. Trayectoria del corte: ¿Dónde y cómo debo disponer las tijeras de podar en el tallo para que el corte sea perfecto?

➤ En el caso ideal, se corta siempre aproximadamente 0,5 cm por encima de una yema (→ foto inferior). Si se trata de un tallo grande también se puede cortar a una distancia de 1 cm de la yema.

Se debe cortar con unas tijeras de podar aproximadamente a 0,5 cm por encima de una yema realizando un corte ligeramente oblicuo.

➤ Realice un corte ligeramente oblicuo de modo que el agua pueda deslizarse más fácilmente cuando llueva por el plano sesgado.

➤ Es importante utilizar herramientas afiladas para conseguir secciones lisas que puedan cicatrizar con rapidez. Las superficies deshilachadas por un corte inadecuado son la puerta de entrada para diferentes agentes patógenos.

➤ Limpie las tijeras de podar después de haberlas utilizado en rosales enfermos para no transmitir gérmenes.

238. Programa de abonado: ¿Cuántas veces conviene que abone mis rosales a lo largo de una temporada?

Los rosales necesitan, sobre todo, un programa equilibrado de abonado al empezar a brotar. Por eso hay que llevar a cabo un abonado básico en invierno o en primavera con abono orgánico o de larga duración.

➤ Ya a finales de año puede aplicarse **compost** y **harina de cuerno**. A ser posible, combine el abonado con la protec-

1
Alrededor de los rosales de macizo se aporca tierra o compost formando un montículo que luego se cubre con ramas de coníferas.

2
Los tallos de los rosales trepadores se sombrean y protegen con ramas de coníferas o cubriéndolos con fieltro.

3
Para proteger los rosales de pie alto de las heladas así como de la radiación solar, se cubren con sacos de yute.

ción contra el inminente frío del invierno: en diciembre aporque compost en los rosales y distribuya los montoncitos a finales de marzo alrededor del rosal.

➤ Los **abonos de larga duración** y los **abonos minerales** no se aplican hasta finales de marzo o principios de abril para ayudar al desarrollo de nuevos brotes.

➤ Para las variedades de rosales de varias floraciones se recomienda un segundo aporte de abono en la época de floración principal, más o menos a finales de junio o principios de julio.

➤ Pasada la mitad de julio no se debe abonar ya con **abonos completos**. Los abonos completos contienen nitrógeno y seguirían estimulando el crecimiento de tallos. Esto conduce a que no haya suficiente madera madura a finales de otoño y que los rosales sean más susceptibles de padecer daños a causa de las heladas (→ página 203).

➤ Un aporte de abono potásico en agosto o septiembre estimula la maduración de la madera y mejora la resistencia de los rosales a las inclemencias del invierno.

239. Protección invernal: Si los rosales son resistentes a las heladas, ¿necesitan realmente una protección en invierno?

Los rosales para el cultivo en jardines que se comercializan suelen ser resistentes al frío invernal. Su madera tolera temperaturas bajo cero. Ahora bien, en zonas muy frías o de montaña, es conveniente plantar variedades especialmente resistentes. El punto de injerto, que si el rosal está bien plantado se encuentra bajo tierra, se resiente especialmente por lo que es recomendable protegerlo. En nuestras latitudes, aunque suene paradójico, más que las heladas, lo que supone un verdadero riesgo para los rosales es el sol en invierno. Una insolación intensa, frecuente en enero o febrero, estimula el desarrollo prematuro de la planta. Las heladas nocturnas que siguen a estos días soleados de invierno producen daños en las yemas. Por este motivo las medidas para proteger la planta durante el invierno (→ página 162) son fundamentalmente medidas de protección solar.

240. Protección invernal, materiales: ¿Qué material es el más indicado para la protección invernal?

➤ Para aporcar lo mejor es la tierra de otra parte del jardín. Escarbar tierra en la zona donde se encuentran las raíces del rosal podría dañar las raíces que se encuentran más cerca de la superficie. Es mejor utilizar compost maduro, que además puede distribuirse en primavera por encima de la zona donde se encuentran las raíces cuando se retiran los montoncitos y de este modo le servirá a la planta de abono. No hay que utilizar turba, pues acumula demasiada agua, lo que podría dañar la planta en caso de helada. Además, por cuestiones medioambientales, no debería usarse ya en los jardines.

➤ **Los tallos aéreos** solo deben sombrearse con materiales que permitan correctamente el paso del aire. No use jamás cubiertas o bolsas de plástico para cubrir las plantas, pues al darles el sol se reproduce el clima de un invernadero y se acumula el calor, mientras que al enfriarse se forma agua de condensación, lo que aumenta el riesgo de que el rosal sufra daños en vez de protegerlo. Se obtienen buenos resultados con arpillera, fieltro y también hojas secas, ramas de coníferas o alfombrillas de caña. Estos materiales ofrecen una buena sombra, permitiendo a la vez una correcta ventilación.

241. Proteger las yemas florales: ¿Cómo puedo preservar las yemas florales de la temporada siguiente cuando podo los rosales?

En primer lugar, para la formación de yemas florales será decisivo elegir el momento adecuado para realizar la poda (→ página 168).

➤ Las variedades de rosal de **una sola floración anual** no deben ser podadas hasta pasada la época de floración en verano, es decir, a finales de junio o principios de julio. Si se podan en invierno se perderá la madera en la que se desarrollan las flores, pues los rosales de una sola floración anual forman los brotes florales en la madera de varios años.

➤ En el caso de los rosales de **floración recurrente** esto es diferente, pues poseen la capacidad de desarrollar brotes florales en la madera del año. El objetivo de las podas en este tipo de rosal es estimular a la planta para que desarrolle la máxima cantidad de tallos jóvenes posible, pues de este modo la floración será también más abundante. Por ello se realiza una considerable poda de rebaje a los rosales de varias floraciones a principios de primavera (a finales de marzo o principios de abril) antes de que empiecen a brotar.

242. **Riego: ¿Cómo y con qué frecuencia debo regar los rosales del jardín? ¿Qué detalles hay que tener en cuenta?**

Hay una regla de oro para los rosales que dice que más vale regar pocas veces pero que cuando se riega sea abundantemente. Por lo tanto, no hay que regar un poquito cada día. Eso solo conduce a que los rosales desarrollen las raíces cerca de la superficie del terreno y esto las hace muy endebles durante los periodos de sequía, pues los rosales que padecen deshidratación son mucho más susceptibles al contagio de enfermedades de hongos y ataques de insectos dañinos.

➤ Al ser una planta de raíces profundas (→ página 41), el rosal es capaz de abastecerse de agua por sí mismo. Al fin y al cabo, alcanza con sus raíces capas del terreno a las que no llegan muchas otras plantas. La mayor parte del año no requieren riego adicional ya que las precipitaciones normales suelen ser suficientes. Solo hay que regarlos de vez en cuando (una a dos veces por semana) durante los periodos secos prolongados. En ese caso, aporte al menos 50 l/m^2 en el área de las raíces del rosal para que el agua pueda penetrar hasta las capas profundas del terreno.

➤ No riegue jamás los rosales desde lo alto, por ejemplo con un aspersor. De ese modo se moja todo el follaje, lo que hace a la planta más susceptible de coger enfermedades criptográmicas. Es más conveniente usar la regadera sin el cabezal y mantener el chorro de agua dirigido a la base del arbusto (→ foto inferior).

También existen excepciones a estas reglas:

➤ Todos los rosales recién plantados requieren ser regados con regularidad durante el primer año, pues necesitan desarrollar suficientes raíces.

➤ Los rosales trepadores que se encuentran resguardados delante de muros de casas o garajes suelen recibir poca agua cuando llueve, a veces incluso están totalmente tapados por voladizos. En este caso también deberá aumentarse el riego.

➤ Los rosales cultivados en maceta (→ página 145) disponen de un espacio reducido para desarrollar las raíces por lo que también hay que regarlos con mayor frecuencia.

243. Rosales en macetas: ¿Qué aspecto debería tener un rosal cultivado en maceta? ¿Cuál es el material más adecuado para los maceteros?

La cuestión decisiva para cultivar rosales en macetas con éxito es que la variedad elegida y el recipiente combinen bien. Los rosales de pitiminí pueden prosperar en jardineras y los rosales cubridores de superficie de raíz propia obtenidos por multiplicación, incluso en macetas colgantes.

➤ Básicamente, es cierto que cuanto más pequeño y compacto sea el rosal por naturaleza, mejor se adapta al

No regar nunca con el cabezal de ducha por encima de las hojas del rosal sino siempre directamente en la zona de las raíces.

cultivo en maceta. Los rosales de macizo, los injertados y los de pie alto son seguramente los que con más frecuencia decoran balcones y terrazas. Pero también es posible cultivar rosales arbustivos y trepadores en recipientes siempre que estos sean suficientemente grandes. Al tratarse de plantas de raíces profundas, prefieren macetas altas y cilíndricas. Para las variedades de tamaño considerable, la altura deberá ser de al menos 50 cm, mejor todavía 70 cm. Lo que es muy importante es que no le falten agujeros para drenar el agua sobrante. El material elegido depende, en primer lugar, de cuestiones estéticas o decorativas. No importa que sea madera rústica, clásica terracota o moderno acero inoxidable, lo importante es que se adecuen al gusto de quien lo vaya a disfrutar. Al fin y al cabo, todos los materiales tienen ventajas e inconvenientes:

➤ **Terracota, barro y cerámica** son materiales que permiten crear una buena circulación del aire y el agua, aunque tienen un alto índice de evaporación. Las macetas de cerámica glasurada disminuyen la pérdida de humedad, pero en la mayoría de los casos no resisten las heladas. Hay modelos más caros resistentes a las heladas. Todas estas macetas son estables, pero pueden romperse con facilidad y si son muy grandes resultan muy pesadas.

➤ La **madera** convence por su resistencia a los golpes y a la rotura, aísla de forma excelente y resiste las heladas. Su defecto es que, al estar a la intemperie, se reduce su vida útil.

➤ El **plástico** es ideal por su ligereza y se recomienda siempre que haya que cambiar las macetas de lugar con frecuencia. Otras ventajas son la baja evaporación y el precio económico de este material. Los inconvenientes son la falta de estabilidad y el poco aislamiento que ofrece, lo que provoca que –al igual que en los recipientes de **metal**– en días muy calurosos se produzcan quemaduras en las raíces. Por eso es mejor usar estos materiales si se cubren con macetas decorativas.

➤ La **piedra** es resistente a las heladas, a las rupturas y a las inclemencias del tiempo, pero muy pesada y de precio elevado.

244. Rosales de maceta resistentes al invierno: Quisiera cultivar un rosal en el balcón, pero en invierno también debería quedarse ahí. ¿Resisten el invierno los rosales en macetas?

Básicamente sí. Los tallos son igual de resistentes en la maceta que si están plantados en el terreno. El problema es el poco volumen de tierra que hay en la maceta, que se congela más rápido que el suelo del jardín. Esto supone no solo un estrés hídrico para la planta, sino que además los cambios bruscos y frecuentes de temperatura pueden dañar el rosal.

Aplicando unas sencillas medidas de protección contra el frío del invierno (→ página 145), se pueden evitar estos problemas. Puede decirse, por lo tanto, que no hay inconveniente en mantener rosales en macetas en el balcón durante el invierno.

245. Siembra: ¿Qué debo hacer para multiplicar mis rosales usando los escaramujos?

➤ Coseche los escaramujos en otoño. Extraiga las semillas quitándoles la pulpa.

➤ Para que las semillas germinen hay que someterlas en primer lugar a un tratamiento de frío. Los expertos lo

CONSEJO EXTRA

Macetas olorosas

Si cultiva rosales en macetas y macetones en el balcón o la terraza puede disfrutar aún más de ellas si elige variedades de intenso perfume. Puesto que los rosales en maceta resultan relativamente fáciles de mover, podrá tener las rosas siempre cerca de usted y deleitarse con su aroma. Si acompaña el rosal con otras macetas con plantas aromáticas, habrá creado una combinación de perfumes perfecta.

denominan **estratificación**. Se estratifican las semillas introduciéndolas en una bolsa de plástico y añadiendo un poco de turba o compost. Deje las bolsas dos o tres días a temperatura ambiente y luego durante seis semanas en el frigorífico.

➤ En primavera siembre las semillas en recipientes con sustrato arenoso. La semilla se cubre con 0,5 cm de arena y se deja en un lugar fresco donde no hiele (por ejemplo, en el garaje). En cuanto aparezcan los cotiledones, las plantitas necesitarán luz y temperaturas diurnas en torno a 20 ºC.

➤ Cuando brote la primera pareja de hojas (pueden pasar unos meses), se realiza el repicado y se planta cada plantita en una maceta.

➤ Una vez que las plantitas hayan desarrollado suficientes raíces pueden sacarse las macetas a la intemperie para que las plantitas se aclimaten antes de plantarlas en su emplazamiento definitivo.

Nota: los rosales multiplicados mediante semillas no son puros de una variedad. Pueden tener un aspecto claramente distinto al de la planta madre. Además, estos rosales crecen con su propia raíz (→ página 45).

246. Tallos bordes: He oído decir que no hay que cortar los tallos bordes. ¿Cómo debo eliminarlos entonces?

Si se cortan los tallos a ras de la superficie del terreno (→ página 47) se consigue no solo que vuelvan a crecer sino además que lo hagan de forma más ramificada. En poco tiempo la variedad injertada habrá sido arrollada por los tallos bordes. Por eso hay que arrancar los tallos bordes en el punto bajo tierra de donde brotan. Cave un poco la tierra alrededor del cuello de la raíz hasta que llegue al punto de donde parte el tallo y arránquelo de un tirón fuerte hacia abajo. Vuelva a rellenar la tierra. No es preciso que sea en un momento concreto de la temporada.

247. Tallos viejos: He oído decir que hay que podar los tallos viejos para estimular el crecimiento de brotes nuevos. ¿Cómo reconozco los tallos viejos?

La madera vieja se reconoce por la corteza. Suele ser más oscura, con frecuencia tiene un tono marrón y finas fisuras superficiales. Suelen ser los tallos más nudosos y gruesos. A diferencia de estos, los tallos jóvenes tienen la corteza lisa y verde. La poda del tallo más viejo estimula el crecimiento de nuevos tallos a partir del punto de injerto, ofreciendo de nuevo una intensa floración y permitiendo dar forma otra vez al arbusto.

248. Terreno despejado: He leído en varias ocasiones que el terreno alrededor de los rosales hay que mantenerlo despejado. Sin embargo, también se dice que a los rosales les conviene la compañía de otras plantas. ¿Cuál de las dos opciones es cierta?

Ambas. La zona inmediata a las raíces, es decir, un radio de unos 25 cm alrededor del pie del rosal, debería mantenerse siempre despejada. De este modo se puede abonar fácilmente y al regar la tierra el agua alcanzará correctamente las raíces y resulta más cómodo mullir el suelo de vez en cuando.

Plantar otras especies cerca de los rosales les crea un bonito marco y consigue con su follaje y sus propias flores una atractiva composición. Como «caballeros de la rosa» le hacen los honores a la reina de las flores, pero no deben pisarle los pies, es decir, hay que mantener la distancia mínima mencionada.

Además, no todas las plantas tienen las mismas necesidades en cuanto a emplazamiento. La lavanda, una compañera muy popular, no disfruta excesivamente del programa de abonado indicado para el rosal. Solo una distancia suficiente permite proporcionar cuidados diferenciados a las plantas. Esta distancia dependerá de las plantas que se combinen:

➤ Los **rosales de macizo de porte bajo** no deben ser opri-
midos por otras plantas de crecimiento vigoroso cercanas,
pues es posible que las invadan o impidan que puedan
secarse rápido sus hojas, haciéndolas más susceptibles de
padecer enfermedades criptogámicas. Por ello hay que
informarse sobre el tamaño que va a alcanzar la planta
elegida.

➤ Los **rosales arbustivos altos** y los **rosales trepadores**,
sin embargo, no sufren tanto por la invasión de otras
plantas. Suelen resultar atractivos los tapices de plantas
vivaces con flor, pues la zona de la base del rosal suele ser
bastante rala. Aunque también en estos casos hay que
respetar las distancias entre plantas, supone una gran ventaja que los espacios intermedios se cubran. Los anchos
tapices formados por milenramas, por largos tallos de
hierba gatera o por geranios permiten proteger la tierra de
la desecación rápida y evitan que se embarre el terreno
con las precipitaciones. Los rosales no solo obtienen, por
tanto, beneficios estéticos, sino también prácticos de las
plantas que los acompañan.

249. Tijeras de podar setos: ¿Puedo podar mis rosales arbustivos con las tijeras de podar setos?

No es recomendable tratar de forma tan ruda a la reina de
las flores. Todo corte debería realizarse justo encima de una
yema y de forma oblicua. Con las tijeras de podar setos se
rebajan plantas leñosas a una altura determinada y se cortan
todos los tallos sin tener en cuenta su estructura. Aparte de
eso, el característico crecimiento natural del rosal se pierde
completamente y las consecuencias de una poda de este tipo
dejan en los rosales feos muñones que hay que repasar con
las tijeras de podar rosales. Al realizar cortes con unas tijeras
de podar setos, aparecen múltiples superficies mal cortadas
y deshilachadas, perfectas puertas de entrada para enfermedades criptogámicas. En un jardín particular vale la pena
podar cada rosal de forma individual según sus necesidades
con las tijeras de podar rosales. La única excepción la constituyen los rosales cubridores de suelos (→ página 171).

Sin embargo, en los parques se ve con frecuencia a jardineros que utilizan las tijeras de podar setos para los rosales aunque en este caso generalmente se trate solo de setos de rosales silvestres, de rosales silvestres individuales, de rosales de parque de una floración anual o de rosales antiguos.

Estas formas de rosales tienen una ramificación tan densa que generalmente las hojas cubren los feos muñones y la dirección en que crecen algunas yemas no influye tanto en la imagen general del arbusto. En cualquier caso, el uso de esta herramienta solo se justifica en el mantenimiento de un parque por motivos de economía de tiempo y no tanto por procurar un buen mantenimiento a la planta.

250. Tijeras para flores: ¿Qué son unas tijeras para flores? ¿Las necesito para podar los rosales?

Las tijeras para flores son tijeras para cortar y sujetar flores y se han diseñado especialmente para jardineros profesionales. Primero cortan el tallo y luego lo sujetan.

Con esta herramienta puede presentarse un tallo con flor recién cortado. En el jardín particular ofrece la ventaja de que, cuando se cortan arbustos muy densos y altos, el tallo cortado no se cae al suelo o en la cara del jardinero sino que puede retirarse sin producir lesiones. Pero se puede decir que no es imprescindible para el jardinero aficionado, pues para podar rosales en el jardín particular hay otros tipos de tijeras (→ página 175).

251. Tipos de abono: ¿Qué abonos son los más indicados para los rosales, los minerales o los orgánicos?

Ninguno de estos tipos de abono son mejores o peores, la diferencia es que están disponibles para las plantas a una velocidad diferente. Por eso habrá que evaluar en cada momento qué abono es el más indicado.

➤ Los **abonos orgánicos** (→ página 137), como el compost, la harina de cuerno o el estiércol, son de procedencia natural y tienen que transformarse previamente en el suelo. Actúan con más lentitud y eso es conveniente para las plantas. El riesgo de lixiviación es bajo, lo que es especialmente importante cuando el terreno es muy permeable. Los abonos con un alto contenido en materia orgánica resultan además mejoradores de la estructura del suelo.

Las tijeras para flores cortan el tallo con la flor y a la vez lo sujetan.

➤ Los **abonos minerales** (→ página 136) son productos químicos. Se disuelven en el agua y por ello llegan rápido al agua del terreno, donde pueden rodear las raíces de las plantas y ser fácilmente absorbidos. Sin embargo, los restos que no son requeridos por las plantas se filtran en poco tiempo a capas más profundas del subsuelo y acaban en el agua de la capa freática. Esto ocurre con especial rapidez si el suelo es arenoso. Los nutrientes no solo no son aprovechados por los rosales sino que además contaminan el medio ambiente. Las sales contenidas en los abonos minerales también pueden perjudicar a la larga la vida vegetal y animal del suelo. Sin embargo, si un rosal muestra síntomas agudos de falta de nutrientes, la solución adecuada es usar abonos minerales precisamente por su rápida asimilación. Ahora sí, siempre siga las indicaciones para la dosificación del producto.

➤ Los **abonos de larga duración** (→ página 136), también denominados abonos de liberación lenta, suelen ser una combinación de abonos minerales y orgánicos. Se parecen en sus efectos a los abonos orgánicos.

Rosales sanos

¿Es posible prevenir las enfermedades de forma eficaz? ¿Cuáles son los síntomas de una infección causada por hongos y cómo se puede evitar? ¿Qué aspecto tienen los daños producidos por los insectos? ¿A partir de qué cantidad empiezan los insectos a suponer un peligro?

252. Aceite de nim: ¿Es cierto que el aceite de nim es muy eficaz contra los insectos dañinos?

El efecto insecticida del aceite de nim es muy apreciado desde hace generaciones por los agricultores de muchos países de África y de Asia. Se aplica para ahuyentar polillas, ácaros, garrapatas, pulgas y otros parásitos. En jardinería produce un efecto inhibidor de la voracidad de los insectos y ahuyentador de los mismos. Esto se debe sobre todo a una sustancia activa que contiene, un triterpenoide denominado azadiractina. El aceite de nim influye sobre las hormonas de los organismos dañinos, lo que puede conducir a problemas en las mudas y a un atrofiamiento de las alas, así como a la reducción de la descendencia. Para el ser humano resulta inocuo y tampoco se observan reacciones adversas –o en grado muy reducido– en el caso de las abejas y otros animales útiles. Las soluciones se preparan dejando macerar las semillas secas y molidas en agua y después se fumigan sobre las plantas. En los comercios especializados se puede obtener una serie de preparados listos para usar con aceite de nim como principal ingrediente.

253. Animales útiles: ¿Qué insectos son eficaces devoradores de los pulgones y cómo puedo atraerlos al jardín?

Hay toda una serie de animales cuya alimentación incluye a los pulgones, por ejemplo, los pájaros, los escarabajos, los gusanos y las arañas. Los siguientes insectos han centrado su alimentación en los pulgones, convirtiéndose en sus devoradores más eficaces:

➤ **Crisopas:** los insectos adultos voladores (→ foto 1, página 193), pero todavía más sus larvas (→ foto 2, página 193), son ávidos devoradores de pulgones. Una larva es capaz de devorar durante su periodo de crecimiento entre 300 y 400 pulgones. Las larvas salen de huevos amarillentos adheridos al envés de hojas y ramas. Pasados tan solo 18 días, las larvas se encierran en capullos para pasar de pupas a insectos de delicadas alas. Ofrezca a los insectos adultos algún lugar donde cobijarse durante el invierno. Suelen alojarse en los

cobertizos, las casetas de jardín o las buhardillas. Además deberá prescindir de fumigar en primavera con insecticidas, fungicidas y productos a base de aceites.

➤ **Mariquitas:** este pequeño escarabajo semiesférico (→ foto, página 222) que según la especie es de color rojo y negro, amarillo y negro o negro y rojo, e incluso de otros colores, se alimenta principalmente de pulgones, pero es especialmente voraz durante su fase de larva (→ foto 3, página 193). Tras el periodo de hibernación las mariquitas están muy hambrientas, por lo que en primavera diezman a los pulgones que apenas acaban de aparecer. Por este motivo es importante prescindir de utilizar insecticidas a principios de primavera.

Si se ofrece una capa de follaje o una caseta de jardín a estos escarabajos para que se alojen durante el invierno, se podrá contar con ellos como apoyo en la lucha contra los pulgones.

➤ **Avispa parásita:** hay muchas especies diferentes de avispas parásitas. Estos pequeños insectos (→ foto 4, página 193) miden 5-30 mm de longitud, tienen cintura como las avispas y pequeñas alas de color negro. Las hembras llevan un aguijón ovipositor, del que se sirven para inocular sus huevos dentro de los pulgones y de sus huevos, así como en las larvas y los capullos de otros insectos. Las larvas que salen de los huevos se comen a su huésped desde dentro. Una sola hembra puede pinchar hasta 1000 pulgones. Las avispas parásitas hibernan en capullos dentro de sus huéspedes. Actualmente, en los comercios especializados, se pueden conseguir avispas parásitas para combatir insectos dañinos concretos.

➤ **Mosca cernícalo:** también hay muchas especies de moscas cernícalo. El ejemplar adulto de la mosca cernícalo (→ foto 5, página 193), por ejemplo, recuerda por su cuerpo a rayas negras y amarillas a una avispa, pero es más pequeña pues mide aproximadamente 7-15 mm de longitud. Las moscas cernícalo son insectos voladores muy hábiles y pueden permanecer suspendidas en el aire. Durante el vuelo, sus movimientos suelen ser abruptos hacia delante. Las hembras ponen sus huevos de uno en uno en colonias de pulgones. Las larvas tienen forma de husillo y miden unos 20 mm de longitud; se alimentan exclusivamente de pulgones, a los que diezman con voracidad. Durante la segunda o tercera semana de su desarrollo, una larva de mosca cernícalo consume hasta 800 pulgones, a los que succiona mientras los sujeta con las pinzas que tienen dispuestas en su parte anterior. Si las condiciones meteorológicas son favorables pueden desarrollarse dos o tres generaciones al año. Los insectos adultos se alimentan de néctar.

Las moscas cernícalo eligen preferentemente plantas con inflorescencias umbelares, como el eneldo, el levístico o el perejil. Estas plantas le ayudarán a atraer a estos insectos. En cualquier caso, no utilice insecticidas a principios de primavera.

254. Ápices marchitos: Los tallos de mis rosales se marchitan empezando por los extremos aunque a la planta no le falta agua. ¿Cómo puedo solucionar este problema?

Si los ápices de los tallos penden marchitos y sin fuerzas hacia el suelo, con frecuencia se debe a la voracidad de las larvas barrenadoras ($\rightarrow$ foto 5 de la página 215). Se trata de las larvas de un tipo de avispa del rosal. Se comen la médula de los tallos jóvenes y jugosos, que mueren a continuación. La mejor forma de combatirlas es eliminando los tallos afectados, cortando el tejido por donde todavía está sano, y tirarlos a la basura. Así se evitará al menos que sigan propagándose las barrenadoras del rosal. No vale la pena fumigar.

255. Araña roja: Mi vecino le ha diagnosticado un ataque de araña roja a un rosal trepador que tengo en el muro del garaje. ¿Qué puedo hacer contra este insecto dañino?

La araña roja, también muy conocida como arañuela ($\rightarrow$ fotografía 4, página 215), se encuentra preferentemente en emplazamientos secos y muy calurosos. Por ello aparecen con más frecuencia en rosales que se encuentran en muros que miran hacia el sur. Lo mejor es evitar este tipo de emplazamiento para los rosales.

➤ Si ya no es posible trasplantar el rosal, o si no quiere cambiarlo de sitio, procure que el arbusto tenga una buena ventilación y un riego adecuado.

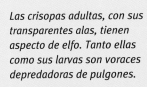

1 Las crisopas adultas, con sus transparentes alas, tienen aspecto de elfo. Tanto ellas como sus larvas son voraces depredadoras de pulgones.

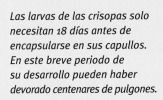

2 Las larvas de las crisopas solo necesitan 18 días antes de encapsularse en sus capullos. En este breve periodo de su desarrollo pueden haber devorado centenares de pulgones.

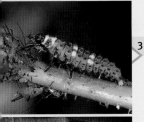

3 Las larvas de las mariquitas tienen franjas amarillas sobre un fondo azul grisáceo. Las larvas engullen más pulgones que los escarabajos.

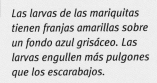

4 Con su aguijón ovipositor las avispas parásitas ponen sus huevos dentro o encima de los insectos dañinos. Las larvas que salen de ellos se comen a su anfitrión desde dentro.

5 Las moscas cernícalo ponen sus huevos en colonias de pulgones. Las larvas verdosas que salen de ellos se alimentan exclusivamente de pulgones.

➤ Pode los tallos afectados y tírelos a la basura, al igual que todos los restos de la poda que realice en primavera.

➤ Como medidas ecológicas para combatir esta plaga se puede pulverizar de forma preventiva con caldo de cola de caballo (→ página 197) o con purín de ortiga (→ página 229). También está probada la eficacia de la aplicación de ácaros depredadores, que pueden adquirirse en comercios especializados.

➤ En caso de ataque muy grave no queda más remedio que aplicar productos insecticidas químicos.

256. Ataque de pulgones: ¿Es necesario que actúe ante el ataque de pulgones? ¿En qué cantidad suponen una amenaza para mis rosales?

Unos cuantos pulgones no suponen un motivo de preocupación, no producen daños duraderos a los rosales. A lo largo de la primavera, los pulgones con frecuencia se trasladan a otras plantas huéspedes y además también son diezmados por otros animales útiles (→ página 190) como las mariquitas o las crisopas y sus larvas. Otros enemigos naturales de los pulgones son las *Cecidomyiidae*, las larvas de las moscas cernícalo, los icneumónidos, los tijeretas y los pájaros. Los años en los que en primavera hace mucho calor y hay periodos de sequía prolongados puede producirse ya a partir de abril una propagación vertiginosa. Los emplazamientos calurosos todavía hacen que el problema resulte más acuciante. Si el ataque es masivo se fruncen las hojas y se deforman los brotes. En ese caso es necesario tomar medidas de contraataque.

257. Ataque de pulgones. Remedios: En los extremos de los tallos y en los capullos de mis rosales nuevos se han asentado pulgones de forma masiva. ¿Qué medidas puedo adoptar para resolver esta situación?

Los primeros pulgones se pueden barrer o aplastar con los dedos. Los tallos más afectados puede cortarlos para frenar, al menos de momento, la propagación de estos insectos.

Las medidas ecológicas recomendadas para proteger las plantas son las pulverizaciones con purín de ortiga o de tanaceto (→ página 230) o con caldo de ortiga macerada (→ página 226), o bien el rociado de las hojas y los tallos con solución de jabón potásico. Los preparados químicos solo se usarán para combatir las plagas como último recurso.

258. Aumento de la propensión a padecer afecciones: **Durante muchos años nuestro rosal ha gozado de muy buena salud. Hace algún tiempo ha aumentado su propensión a sufrir afecciones. ¿Es posible que disminuya la resistencia de una especie?**

Su apreciación, por desgracia, no es poco frecuente. Expresado de forma correcta, no se trata de que disminuya la resistencia de una especie a padecer afecciones sino que cambian los causantes de las mismas. Debido a los elevados índices de reproducción de los agentes dañinos y de la rápida sucesión de sus generaciones, estos son capaces de adaptarse con una velocidad sorprendente a nuevas condiciones de vida.

Este fenómeno se conoce también en la medicina. Hay medicamentos de elevada eficacia que con el paso del tiempo pierden su capacidad de sanar pues las cepas de los agentes patógenos han mutado. Del mismo modo, hay ciertas enfermedades fúngicas que con el tiempo abren una brecha en la capacidad de resistencia de los rosales. Por eso no se concede el sello de garantía ADR (→ página 59) a los rosales de por vida sino que se debe renovar periódicamente. Debido a esto hay especies antes muy resistentes que pueden dejar de portar este sello si pasados los años se muestran más vulnerables a las plagas y enfermedades.

En el interior de esta bolsa musgosa se desarrollan las larvas de las avispas de las agallas del rosal.

259. Bolas musgosas: En mis rosales silvestres descubro una y otra vez unas bolsas con aspecto musgoso en las axilas foliares. ¿De qué se trata? ¿Debo eliminarlas?

De estas peculiares formas son artífices las avispas de las agallas del rosal, unas finas avispas de unos 4-6 mm de longitud cuyo abdomen es de color rojo y está lateralmente algo achatado. Solo ponen sus huevos en los rosales silvestres. Tras la deposición se desarrolla el tejido vegetal formando en los tallos unas bolsas esféricas subdivididas en varios espacios que se lignifican en su interior y tienen un aspecto de musgo en el exterior. Estas formaciones esféricas reciben el nombre de agallas. A finales de verano en cada espacio crece una larva que se convierte en pupa. La pupa hiberna y en primavera salen del capullo nuevas avispas de las agallas del rosal. Las agallas en sí no son perjudiciales para el rosal pero si le molestan puede podar en otoño los tallos afectados o simplemente quitar las agallas.

260. Bordes negros de los pétalos: Los bordes de los pétalos de mis rosas rojas de la variedad 'Nina Weibull' se vuelven de color negro y se secan. ¿A qué se debe esto?

Los daños descritos son quemaduras solares (→ foto derecha). Estos síntomas se observan sobre todo en las variedades de flores rojas dispuestas en lugares muy soleados y cálidos. Los pétalos oscuros apenas son capaces de reflejar la radiación que incide sobre ellos y la transforman en su mayor parte en calor, lo que conduce a las quemaduras que se observan en las flores.

➤ Si es posible, plante desde un principio rosales con flores de color rojo oscuro en un emplazamiento no demasiado soleado y caluroso.

➤ Procure que el suelo sea ligero y que mantenga un grado de humedad regular, sobre todo durante los periodos largos de calor y sequía.

261. Caldos: **He leído que entre los preparados reforzantes para las plantas o los productos ecológicos que protegen las plantas de las plagas se encuentran los caldos. ¿A qué se refieren?**

Los caldos puede prepararlos uno mismo, al igual que los purines (→ página 228) y las infusiones (→ página 213), con agua y plantas (→ consejo extra, página 198). En la jardinería y la horticultura ecológicas se utilizan como medios para fortalecer las plantas, como abono para las hojas y como productos insecticidas naturales para combatir las plagas. Generalmente se pulverizan diluidos en la proporción de 1:10 o 1:20 por encima de las hojas o se riegan directamente sobre la zona en que se encuentran enterradas las raíces. Entre los caldos más interesantes para el cultivo de los rosales se encuentran los siguientes:

➤ **Caldo de cola de caballo:** la cola de caballo contiene, aparte de muchos minerales, gran cantidad de ácido silícico, al que se atribuye la propiedad de fortalecer los tejidos. Por ello se aplica este caldo –diluido con cinco partes de agua– por ejemplo, como medio para prevenir y como tratamiento para combatir las enfermedades producidas por hongos.

Incluso unas flores tan ávidas de sol como las rosas pueden padecer quemaduras solares. Se ven particularmente afectadas las variedades de flor roja.

Este es el aspecto que presenta un rosal dañado por el ataque de un antonomo (Anthonomus rubi): *el capullo se dobla hacia abajo.*

➤ **Caldo de ortiga:** las ortigas contienen numerosos oligoelementos, compuestos de nitrógeno y encimas. Forman la base de los abonos, productos mejoradores del terreno y los insecticidas ecológicos. El caldo de ortiga macerada (→ página 226) se prepara, a diferencia de los demás caldos, dejando macerar la ortiga en el agua en vez de hervirla. Se deja macerar la planta en el agua unas 12-24 horas y se pulveriza sin diluir como tratamiento contra los pulgones.

➤ **Caldo de tanaceto:** el tanaceto contiene aceites esenciales que ahuyentan a los insectos. A su caldo se le atribuyen incluso efectos antibacterianos. Es suficiente mezclar 500 g de la planta en flor con 10 l de agua. En invierno se pulveriza el caldo sin diluir sobre la planta, en verano se diluye con el doble de agua. El caldo de tanaceto es eficaz contra los antonomos (*Anthonomus rubi*), las avispas del rosal, el mildiu y la roya del rosal.

CONSEJO EXTRA

Receta básica para la preparación de caldos

Por cada 10 l de agua se añade 1 kg de plantas frescas cortadas en trozos pequeños o 100-200 g de hierbas secas.

En primer lugar, ponga a remojo las plantas durante 24 horas en agua de lluvia. A continuación lleve la mezcla al punto de ebullición y deje que siga hirviendo a fuego lento unos 20-30 minutos. Después cuele el caldo.

La aplicación del caldo de hierbas será en la concentración que se requiera según la finalidad y la receta correspondiente.

262. Capa blanca: En los ápices de los tallos, en las hojas y las flores en verano aparece con frecuencia una capa blanca. ¿De qué se trata?

Por la descripción que me ofrece todo indica que se trata de una infección de mildiu (→ página 203). El mildiu suele aparecer a finales de verano cuando a los días secos y calurosos les siguen noches frescas con rocío y un elevado índice de humedad ambiental. Se trata de una de las enfermedades causadas por hongos más frecuente.

Esta capa harinosa y blanca sobre los capullos de las flores está producida por una enfermedad criptogámica, el mildiu.

Para obtener información sobre las medidas para combatir esta enfermedad consultar la página 213.

263. Capullos doblados: En mis rosales de macizo hay muchos capullos doblados y con marcas de bocados. ¿Qué plaga está atacando a los rosales? ¿Qué puedo hacer?

Los daños descritos los ha producido el antonomo *Anthonomus rubi*. Se trata de un gorgojo que se ceba sobre todo con frambuesos y fresales aunque a veces también se encuentra en los rosales. Tras poner un huevo en el capullo, mordisquea el pedúnculo por debajo del capullo, que se dobla hacia abajo y deja de desarrollarse.

Elimine los capullos doblados en cuanto los observe y tírelos a la basura. De este modo evitará que se desarrollen las larvas de este escarabajo y se siga extendiendo. Generalmente no suele producirse un ataque en masa, por lo que en principio no se requiere tomar otras medidas.

264. Capullos momificados tras la lluvia:

Si llueve durante bastante tiempo, muchas flores de nuestro rosal que están empezando a abrirse no consiguen terminar este proceso. ¿Qué se puede hacer para que esto no ocurra?

Sobre todo las variedades de flor muy densa, como las que se encuentran en el grupo de las rosas nostálgicas o románticas, tienden a formar este tipo de «capullos momificados». La flor se queda como inmovilizada, pues los pétalos interiores no son capaces de abrir los pétalos exteriores, que se han quedado rígidos y teñidos de color marrón. Los pétalos exteriores adquieren esta consistencia rígida cuando tras la lluvia, que los reblandece, vuelve a brillar intensamente el sol, que quema el tejido y lo endurece. Intente desprender con cuidado las hojas exteriores del pétalo con los dedos. A veces así se consigue que la flor se abra con todo su esplendor.

265. Cochinillas: **¿Cómo se reconoce el ataque de las cochinillas y qué puede hacerse para combatirlo?**

Las cochinillas (→ foto inferior) succionan la savia, sobre todo de las ramas y los tallos lignificados, pero en ocasiones también de las hojas. Al igual que los pulgones, desprenden un líquido pegajoso (ligamaza) que con frecuencia se puebla del hongos negrilla (→ página 212). A veces, hasta ese momento no nos percatamos de la plaga. Cuando la invasión de cochinillas es importante puede marchitarse toda la planta.

Las cochinillas aparecen especialmente en masa cuando el tiempo es seco, caluroso y no hace viento; por ejemplo, en

Las cochinillas tienen un caparazón que les confiere una eficaz protección.

rosales trepadores dispuestos delante de muros resguardados de la lluvia, debajo de tejadillos o en muros que miran
al sur. Pulverice las partes de la planta afectadas con aceite
de parafina o de colza (→ página 226).

266. Compostar: ¿Es correcto tirar al compostero las hojas enfermas del rosal o las que han sido atacadas por insectos dañinos?

No, no tire al montón de productos en compostaje restos de
podas de plantas dañadas ni resecas. Tire estos restos a la
basura.
Aunque en el interior de un compostero se alcanzan temperaturas superiores a 70 ºC, que pueden matar la mayoría de
los agentes patógenos responsables de las enfermedades así
como la mayoría de las semillas de malas hierbas, a este
«tratamiento con calor» sobreviven las esporas de muchos
tipos de hongos, de modo que al aplicar el compost en los
arriates puede reproducirse la infección de las plantas. Además, a diferencia de lo que ocurre con las instalaciones in-
dustriales de compostaje, la mayoría de los composteros de
jardines particulares son demasiado pequeños y no reciben
el mantenimiento adecuado para que el calor se distribuya
de forma regular. De este modo es fácil que sobrevivan con
frecuencia muchos organismos dañinos, sobre todo en los
bordes del compostero.

267. Crisopas: ¿Es cierto que las crisopas, o mejor dicho sus larvas, son grandes depredadores de pulgones?

Sí, es cierto, son importantes depredadores de pulgones.
Los animales adultos (→ foto 1, página 193) se alimentan
fundamentalmente de miel ligamaza y de agua pero también cazan pulgones y otros insectos. Sus larvas (→ foto 2, página 193) son especialmente voraces, se parecen a
las larvas de las mariquitas y portan pinzas succionadoras
con las que después de atrapar a los pulgones los succio-

nan. Una sola larva puede comerse hasta 500 pulgones. Pero su dieta incluye además trips, ácaros, cochinillas y pulgones lanígeros. Por eso es importante considerar siempre con calma si realmente es necesario usar insecticidas en el jardín, pues a la vez se diezmará a los insectos útiles.

268. Daños foliares con forma de ventana: **?**
En las hojas de mi rosal hay unas orugas verdes que se están comiendo las hojas formando en los bordes y en el haz de las mismas una especie de ventanas. ¿De qué tipo de insecto dañino se trata y cómo puedo combatirlo?

Se trata de las larvas de la falsa oruga del rosal (→ foto inferior). Al comerse las hojas raspándolas, las larvas, de unos 10 mm de longitud, destruyen primero la capa superficial de las hojas, de modo que queda solo la capa intermedia de la dermis foliar. El tejido foliar pierde la clorofila, las «ventanas» se vuelven de un tono claro y permiten ver su estructura al través.

Las larvas de la avispa aserradora aparecen en mayo o junio. Por ello hay que controlar las hojas de los rosales de forma regular a partir de mayo. Elimine las hojas y los tallos afectados y recolecte las larvas verdes. Tire a la basura también las hojas caídas y mulla el suelo debajo del rosal para destruir los capullos de las pupas que todavía se encuentren en el suelo.

Larvas verdes de la falsa oruga (Arge pagana) *comiéndose los bordes de las hojas de un rosal.*

269. Daños producidos por las heladas:
Vivimos en una zona muy fría. ¿Cómo puedo reconocer los daños producidos por las heladas en mis rosales y qué puedo hacer para prevenirlos?

La madera congelada se muere y se vuelve de color marrón (→ foto, página 231).

Los tallos vivos y jóvenes tienen la corteza de color verde. Pode la madera muerta completamente antes de que brote la planta en primavera. El rebaje deberá llegar hasta donde la planta esté viva, lo que podrá comprobar porque la médula viva es de color blanco.

➤ Entre las medidas preventivas más importantes, sobre todo en las regiones frías, está la elección de una variedad de rosal resistente a las heladas.

➤ Además, deje de aportar abonos con nitrógeno a partir de principios de julio pues estimulan que la planta desarrolle brotes nuevos hasta otoño. Los tallos jóvenes tienen un alto contenido en agua y son particularmente sensibles a las heladas. Sin embargo, el aporte de potasio a finales de agosto consigue que la planta libere agua y mejora su resistencia a las temperaturas invernales.

➤ En zonas extremadamente frías es recomendable además proveer al rosal de una cobertura (→ página 162) de protección para evitar los daños producidos por las heladas.

270. Enfermedades: ¿Cuáles son las enfermedades más frecuentes de los rosales?

Los rosales padecen sobre todo enfermedades producidas por hongos. Las más extendidas son las siguientes:

➤ **Mancha negra:** la mancha negra aparece casi cada verano, hacia finales de la estación o en otoño de forma más o menos virulenta, y sobre todo si ha habido unos días de mucha humedad. Las hojas húmedas favorecen que se produzca la enfermedad. Los primeros síntomas son manchas irregulares, a veces con forma de estrella, de color marrón a negro violáceo que se observan en el

ROSALES HÍBRIDOS DE TÉ

'AACHENER DOM'
Altura: 60-80 cm. Ancho: 60 cm.
Variedad buena y con pocos problemas, adecuada para personas que se inician en el cultivo de rosales, prospera también en lugares semisombríos y de clima frío.

'AMBIENTE'
Altura: 60-80 cm. Ancho: 50 cm.
Sus flores son resistentes a la lluvia y al calor, también resulta atractivo como rosal de tronco alto.

'BANZAI'
Altura: 70-90 cm. Ancho: 60 cm.
Sus flores son resistentes a la lluvia; es ideal como flor de corte; especialmente indicada para arriates de mucho carácter.

'BARKAROLE'
Altura: 100 cm. Ancho: 50 cm.
Rosas aterciopeladas de delicado perfume; resulta espectacular como flor de corte.

'CHRISTOPH COLUMBUS'
Altura: 60-80 cm. Ancho: 60 cm.
Puede plantarse en climas fríos y también prospera bien en macetones.

'DUFTGOLD'
Altura: 60-80 cm. Ancho: 60 cm.
Rosas poco sensibles a las inclemencias meteorológicas, desprenden un agradable aroma especiado.

ROSALES HÍBRIDOS DE TÉ

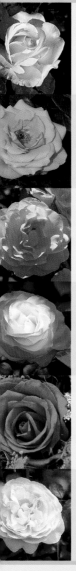

'ELINA'
Altura: 70-90 cm. Ancho: 70 cm.
Variedad con el sello ADR, flores resistentes al calor; aroma intenso y especiado, adecuada como flor de corte.

'FOCUS'
Altura: 60-80 cm. Ancho: 60 cm.
Tiene hojas muy resistentes; también prospera cultivada en macetón, adecuada como flor de corte.

'INSPIRATION'
Altura: 70-80 cm. Ancho: 40-50 cm.
Variedad con el sello ADR, planta muy resistente, adecuada como flor de corte; también se puede obtener con pie alto.

'NOSTALGIE'
Altura: 80-100 cm. Ancho: 60 cm.
Coloración especial; también es adecuada para su cultivo en macetón o como tronco alto.

'PAROLE'
Altura: 70-90 cm. Ancho: 50 cm.
Aroma intenso, flores de gran tamaño; hojas muy fuertes; extraordinaria como flor de corte.

'SEBASTIAN KNEIPP'
Altura: 80-120 cm. Ancho: 70 cm.
Flores nostálgicas muy densas, aroma intenso; resistente al calor, también puede cultivarse en macetón.

haz de la hoja (→ foto, página 220). Posteriormente, las hojas afectadas se vuelven amarillas y se caen. Si la afección está muy extendida puede ocurrir que el rosal entero pierda las hojas. Las plantas se quedarán debilitadas ante la entrada del invierno. Los agentes patógenos pueden hibernar en las hojas y los capullos que han caído al suelo.

➤ **Mildiu:** esta enfermedad se reconoce porque cubre las puntas de los tallos, los capullos y las hojas, a veces también los pétalos, con una capa blanca y harinosa (→ foto, página 199). A veces las hojas se enrollan. El mildiu suele aparecer a finales de verano, cuando a los días secos y calurosos les siguen noches frescas con un alto grado de humedad y con rocío. Los agentes nocivos pueden hibernar en hojas y capullos caídos al suelo.

➤ **Falso mildiu:** cuando el rosal se ve afectado por esta enfermedad aparece, en primer lugar, una capa de moho gris blanquecino en el envés de las hojas. En el haz aparecen manchas de color violeta oscuro a negro (→ foto, página 219). Más adelante las hojas se marchitan y acaban cayéndose. Este hongo se desarrolla sobre las hojas mojadas, sobre todo cuando el tiempo es fresco y húmedo.

➤ **Roya del rosal:** la infección por roya se reconoce por las manchas de color naranja óxido en el haz de las hojas del rosal (→ foto, página 220). Más adelante se desarrollan en el envés unas pústulas de color amarillo que luego se vuelven marrones y negras. Este agente patógeno se propaga por el viento y prospera especialmente si el tiempo es fresco y húmedo y el emplazamiento también lo es.

➤ **Botritis:** si los capullos y las puntas de los tallos están cubiertos por una capa gris (→ foto, página 235), el rosal padece una infección causada por el hongo *Botrytis*. Los capullos se acaban secando y finalmente se desprenden de la planta. En los lados exteriores de los pétalos aparecen con frecuencia pústulas rojas. El agente patógeno suele introducirse a través de heridas y se siente especialmente a gusto cuando las temperaturas son bajas y el grado de humedad del ambiente es elevado.

271. Enfermedades víricas: **He oído decir que no se puede hacer nada contra las enfermedades víricas en los rosales, ¿es cierto?**

Es cierto. Los virus no pueden combatirse con productos fitosanitarios. Las infecciones de este tipo suelen manifestarse por medio de dibujos de color amarillo y verde con forma de mosaico (→ foto, página 228). También pueden aparecer dibujos con forma anular, engrosamientos, torsiones, deformaciones o un crecimiento enano. Las plantas sufren un gran debilitamiento. No obstante, hay que decir que las enfermedades víricas no suelen ser muy frecuentes en el rosal. De vez en cuando se infectan con el virus del mosaico del rosal, que se reconoce por producir unas manchas amarillas y verdosas, o con el virus del mosaico amarillo, que produce manchas amarillentas dispuestas en franjas, así como el virus del marchitamiento del rosal, que tiñe totalmente de amarillo las hojas.

Los virus son transmitidos por los insectos succionadores, como los pulgones, y por el uso de herramientas de poda infectadas. Estas hay que desinfectarlas con una llama. Para evitar el contagio del virus solo queda arrancar la planta.

272. Escarabajos de color verde metálico: **Sobre las flores de nuestros rosales se posan de vez en cuando unos escarabajos de color verde metálico o bronce. No quisiera eliminar estos bichos tan graciosos. ¿Resultan dañinos para las rosas?**

Este insecto de reflejos metálicos se llama cetonia dorada (*Cetonia aurata*) y puede ser de muchos colores, desde tonos verdes a azules o violetas a marrones broncíneos, pero siempre con reflejo metálico. Este escarabajo de unos 2 cm de longitud se observa entre abril y septiembre. Se alimenta principalmente de polen y néctar, pero también mordisquea los capullos de las rosas y las flores abiertas. Sin embargo, no se trata de un insecto que pueda catalogarse como dañino. Este escarabajo se encuentra con frecuencia en corimbos florales. La transformación de las larvas en escarabajos dura entre uno y dos años dependiendo de las condiciones meteorológicas de ese año y tiene lugar en las capas superiores de humus del suelo. Las larvas alcanzan una longitud de hasta 5 cm y tienen una giba muy marcada. Se alimentan de las raíces de las plantas.

273. Fitosanitarios sistémicos: **Un vecino me ha recomendado el uso de fitosanitarios sistémicos para combatir las plagas. ¿Qué son?**

Los fitosanitarios sistémicos se aplican, al igual que todos los demás productos para proteger a las plantas, fumigando las hojas. Mientras que los productos denominados de contacto solo aniquilan a los insectos que tocan, los fitosanitarios sistémicos se introducen a través de los poros de las hojas en el interior de la planta y se distribuyen a través de la savia por toda la planta. De este modo también se alcanza a los insectos escondidos que no han sido directamente tocados por el caldo fumigado y se protege la planta de una nueva reproducción de los insectos. Además, los fitosanitarios sistémicos no escurren con la lluvia pues su efecto es independiente de las condiciones meteorológicas.

274. Galerías en las hojas del rosal: **En las hojas de mi rosal se observan unas líneas finas. ¿De qué se trata?**

Estas líneas son las galerías que van formando las larvas de las moscas minadoras o las polillas minadoras. Ambos insectos depositan sus huevos en el haz de las hojas de la planta huésped. De estos huevos salen las orugas que van minando las hojas del rosal, por lo que se observan finas líneas que con frecuencia son translúcidas y blancas.

➤ Las **polillas minadoras** trazan sus galerías a lo largo del borde de la hoja o atravesándola completamente, incluso a través de las nervaduras.

➤ Las **moscas minadoras** generalmente atraviesan las hojas en zigzag entre las nervaduras (→ página 190 y 191).

275. Hojas amarillas: Las hojas y los tallos jóvenes de mi rosal se vuelven de color verde claro a amarillo. ¿A qué se debe esto?

Si la coloración amarilla afecta de momento solo a las hojas más jóvenes y las nervaduras siguen estando de color verde oscuro hasta sus ramificaciones, se trata de una falta de hierro. El hierro es uno de los oligoelementos que las plantas requieren para un crecimiento sano. Generalmente, los suelos normales de los jardines tienen suficiente cantidad de hierro, sin embargo, si se trata de un suelo calcáreo con un valor de pH elevado (→ página 133), el hierro se fija al suelo y no puede estar disponible para ser absorbido por las raíces. Esta falta de hierro se denomina clorosis férrica. Como medida inmediata se recomienda aportar un abono rico en hierro, como el fertilizante Fetrilon®, que se suministra pulverizando las hojas. A la larga se recomienda disminuir el nivel del pH del suelo añadiéndole abonos de efecto acidulante. Además, es importante mantener el suelo ligero y bien ventilado.

276. Hojas enrolladas: Las hojas de mi rosal de macizo se han enrollado de repente como si fueran cigarros. ¿A qué se debe? ¿Se trata de algo perjudicial para el rosal? Si es así, ¿cómo puedo intervenir?

Las hojas enrolladas hacia abajo a lo largo del nervio central son el síntoma típico de un ataque de la avispa enrolladora de las hojas (→ foto 2, página 215). A partir de finales de abril, este insecto pone sus huevos en los

Esto son típicos síntomas de falta de hierro. Las hojas empiezan a amarillear primero en los brotes jóvenes.

bordes de las hojas del rosal, que a continuación se enrollan hacia abajo. En los canutos que se forman se desarrollan las larvas de color blanquecino a verde claro de unos 9 mm de longitud, que se alimentan de tejido foliar. A partir de mediados de junio se dejan caer al suelo y se envuelven en su capullo, donde las pupas permanecen hasta la primavera siguiente. Al enrollarse la hoja es evidente que pierde una importante parte de su superficie de absorción. A eso se debe que las hojas se vuelvan amarillas y se caigan posteriormente.

Para frenar la propagación de la avispa enrolladora de las hojas del rosal suele ser suficiente controlar de forma regular si los rosales están afectados por esta plaga a partir de principios de mayo y cortar las hojas enrolladas.

277. Hojas maduras amarillas: **Acabo de plantar un rosal y las hojas de los tallos más maduros se han vuelto primero de color verde claro y luego amarillento. ¿A qué se debe esto y qué puedo hacer para evitarlo?**

Los síntomas descritos indican una carencia de nitrógeno. El nitrógeno (N) es una de las sustancias nutrientes más importantes para las plantas. Se requiere sobre todo para la nueva formación de materia verde. Si la planta no consigue suficiente cantidad a través de la alimentación, sustrae el nitrógeno de los tallos y las hojas más viejas de la planta. Esto produce que las hojas más viejas se vuelvan de color más claro al principio y luego de color amarillo. A la larga,

Esta imagen se observa con frecuencia en primavera en los tallos jóvenes de los rosales. De esto es responsable la avispa del rosal (Blennocampa pusilla).

la falta de nitrógeno se traduce en un crecimiento menor de la planta y una floración escasa.

Si la carencia es aguda abone inmediatamente el rosal con un abono nitrogenado mineral líquido. Como tratamiento a largo plazo abone la planta cada invierno y primavera con compost maduro o aporte en primavera un abono para rosales de liberación lenta.

278. Hojas mordidas: Nuestros rosales arbustivos tienen los bordes de las hojas comidos en forma de bocados redondeados, pero no consigo ver ningún insecto. ¿De qué animal se trata y cómo puedo combatirlo?

Por el aspecto de los bocados, el responsable es el otiorrinco. Se trata de un huésped relativamente frecuente en los rosales. Este gorgojo negro mide en torno a 1 cm y también campa a sus anchas por las hojas de otras plantas, sobre todo leñosas. Su marca típica son los entrantes redondeados que abarcan desde el borde de la hoja hasta la lamina foliar. Incluso aunque usara una lupa no los vería, pues a este escarabajo solo se le ve por las noches cuando sale de dentro de la tierra, donde se aloja durante el día. Si solo se han cebado con unas pocas hojas, no será grave para el rosal. En caso de que los daños sean considerables, puede atrapar a los gorgojos por la noche con la ayuda de una linterna.

Pero más peligrosos que los escarabajos son las larvas de este gorgojo, que viven en la tierra y se alimentan de las raíces de la planta. Para combatirlas

La falta de nitrógeno hace que las hojas y los tallos de las partes más viejas del rosal se vuelvan amarillas.

es posible hacer uso de nematodos para el suelo, que se pueden encontrar en los comercios especializados. Se trata de nematodos incoloros de 0,3-5 mm de longitud depredadores de las larvas del otiorrinco. Para su aplicación disuelva el polvo de arcilla en el que se presentan los nematodos en una regadera de agua y riegue la solución directamente sobre la tierra que acoge las raíces del rosal afectado. Es importante que la temperatura del terreno sea de al menos 12 ºC pues de lo contrario los gusanos no se activarán. El momento ideal es durante un día nublado o por la noche, pues la radiación directa del sol no sienta bien a los nematodos.

279. Hojas tiznadas: Mis rosales arbustivos han padecido el ataque de pulgones, aunque he podido combatirlos con éxito. Pero ahora las hojas están cubiertas por una capa de color negro. ¿De qué se trata?

El fenómeno descrito es una consecuencia frecuente de una plaga de pulgones o de cochinillas y aparece tanto durante como después de la plaga. Estos insectos desprenden un líquido pegajoso denominado ligamaza. Sobre este líquido nutritivo se acumulan con frecuencia unos hongos: la negrilla. Al principio solo se observan unas gotitas brillantes, como una laca sobre las hojas, y más adelante las hojas se cubren de un tapiz negro de hongos.

Solo se puede evitar la negrilla combatiendo los pulgones y las cochinillas. Las hojas que se hayan ennegrecido pueden lavarse con una solución de jabón (→ la página 225).

El otiorrinco es un gorgojo nocturno que deja típicos bocados redondeados en las hojas de los rosales que devora.

280. Infusiones:
He oído decir que se pueden utilizar infusiones para fortalecer los rosales y también para combatir las plagas y enfermedades. ¿De qué infusiones se trata y cómo se preparan?

Las infusiones tienen diferentes efectos profilácticos, fortalecientes y también pueden combatir las plagas, al igual que los purines vegetales (→ página 228) y los caldos vegetales (→ página 197), dependiendo de la hierba medicinal que se use.

La negrilla aparece con frecuencia después de una plaga de pulgones o cochinillas pues colonizan las secreciones de estos.

Su preparación es muy sencilla, como es de suponer. Para el cultivo del rosal son de provecho las siguientes infusiones:

➤ **Infusión de ajenjo:** el ajenjo (*Artemisa absinthium*) es una hierba muy aromática que tiene un efecto ahuyentador sobre los insectos. Se echan 10 l de agua hirviendo sobre 300 g de hierba fresca o 30 g de sustancia seca y se deja que repose entre 10 y 15 minutos antes de colar la infusión. Rebajada con tres partes de agua se pulveriza en junio o julio contra los pulgones.

➤ **Infusión de cebolla o ajo:** las plantas aliáceas (especies de *Allium*) contienen aceites esenciales sulfurosos que han demostrado tener efectos desinfectantes, antibióticos y antisépticos. Para la infusión se toman 75 g de cebollas o ajos triturados, se añaden 10 l de agua hirviendo y se deja reposar al menos cinco horas. Se pulveriza sin rebajar para combatir los ácaros y las enfermedades criptogámicas.

281. Insectos dañinos: ¿Cuáles son los insectos más dañinos para los rosales?

En el entorno natural del jardín es normal que numerosos animales ronden los rosales y que estos obtengan provecho de ello; por ejemplo, las abejas se hacen cargo de la polinización. Los siguientes insectos aparecen con gran frecuencia en los rosales y si su presencia es muy numerosa pueden producir daños:

➤ **Pulgones:** todos los años aparecen en el jardín, y especialmente en los rosales, pulgones de color verde, amarillento, negro y a veces rojo (→ foto 1). Cubren los ápices de los tallos jóvenes, los capullos y el envés de las hojas, donde también ponen sus huevos. Se alimentan de la savia de la planta, que succionan tras pinchar los haces vasculares (las venas de las plantas).

Las medidas para combatir estos insectos dañinos se describen en la página 197.

➤ **Avispa enrolladora de las hojas del rosal:** esta avispa del rosal (*Blennocampa pusilla*) (→ foto 2) no suele llamar la atención. Solo mide 3-4 mm y es de color negruzco. A partir de finales de abril pone sus huevos en los bordes de las hojas del rosal, donde son visibles a continuación los típicos daños que produce (→ foto en la página 210): las hojas enrolladas hacia abajo como si fueran cigarros. En este ámbito resguardado se desarrollan las larvas de color blancuzco a verde claro.

Las medidas para combatir estos insectos dañinos se describen en la página 197.

➤ **Otiorrinco:** estos escarabajos (→ foto 3) no los verá durante el día. Sin embargo, si atacan en gran cantidad se ven enseguida las marcas de su voracidad en los entrantes que forman en las hojas del rosal (→ foto, página 212). Más dañinas que los escarabajos son las larvas que habitan en el suelo y que se alimentan de las raíces.

Las medidas para combatir estos insectos dañinos se describen en la página 197.

➤ **Araña roja (arañuela):** estos pequeños ácaros de color rojo anaranjado, en verano también de color verde amarillento (→ foto 4), miden 0,5 mm de longitud y apenas son apreciables a la vista. Se disponen en el envés de las hojas y succionan

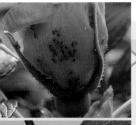

1 PULGONES
Si aparecen en cantidades controlables no son dañinos. En primavera, sin embargo, atacan a veces de forma masiva.

2 AVISPA ENROLLADORA
Su presencia no se percibe hasta que se observa que las hojas están enrolladas porque en ellas crecen las larvas.

3 OTIORRINCO
Este escarabajo forma entrantes en las hojas al ir comiéndoselas. Sus larvas viven en el suelo y dañan las raíces de los rosales.

4 ARAÑA ROJA
Los ácaros recubren el envés de las hojas con una telaraña blanca. Sin embargo, estos insectos son casi imperceptibles.

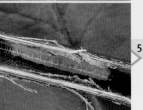

5 LARVAS BARRENADORAS
Las larvas barrenadoras van horadando el interior de los tallos, que finalmente mueren.

la savia de las hojas a la vez que las cubren con unas finas telarañas de color blanco. En la fase inicial de la plaga, en el haz de las hojas se observan unos puntitos amarillos, más adelante la hoja completa se vuelve marrón y se cae de forma precoz.

Las medidas para combatir estos insectos dañinos se describen en la página 223.

➤ **Cicadela del rosal:** estos pequeños insectos voladores de color verde claro o blanco amarillento (→ foto, página siguiente) solo miden 3 mm de longitud. Si se ven amenazadas, huyen de un salto o volando. Se posan generalmente en el envés de las hojas, donde succionan la savia. A eso se deben los finos puntos de color blanco en el haz de las hojas (→ foto en la página 227).

Las medidas para combatir estos insectos dañinos se describen en la página 234.

➤ **Larvas barrenadoras:** se trata de un tipo de avispa de las hojas cuya larva blanca, de unos 12 mm de longitud, se va comiendo la médula de los tallos (→ foto 4, página 215). Las puntas de los tallos afectados se mustian a continuación y cuelgan sin fuerza hacia abajo. Se diferencia entre la barrenadora que horada el tallo de forma ascendente y la que lo horada de forma descendente. Las larvas abandonan el tallo a través de un agujero (→ foto, página 233) que con frecuencia se encuentra encima de una estípula o debajo de un aguijón del rosal.

Las medidas para combatir estos insectos dañinos se describen en la página 231.

282. Insectos de color verde claro: En mi rosal hay numerosos insectos pequeños de color verde claro que al acercarme salen volando o saltando. ¿De qué tipo de insecto se trata? ¿Resulta dañino para la planta?

Estos huéspedes indeseados (→ foto, página siguiente) se llaman cicadelas del rosal (*Typhlocyba rosae*). Pueden ser de color verde claro o amarillo blanquecino y se disponen habitualmente en el envés de las hojas. Por este motivo aparecen puntitos blancos en el haz (→ foto, página 227). Las cicadelas del rosal prefieren los emplazamientos secos y muy calurosos y aparecen con mayor frecuencia en rosales trepadores dispuestos delante de muros.

Su presencia abarca dos generaciones: la primera generación aparece de mayo a julio y la segunda, de agosto a septiembre. La segunda generación pone los huevos en los tallos del rosal y allí permanecen durante el invierno. Por ello hay que podar las partes afectadas de la planta ya en otoño. Para combatir este insecto sirve la aplicación de caldo de ortigas (→ página 197). Como medida preventiva es recomendable aplicar con moderación abono nitrogenado.

Las cicadelas del rosal son diminutas y se encuentran en el envés de las hojas. No se perciben hasta que dan saltos hacia arriba.

283. Lavanda: He oído que la lavanda protege a los rosales de los pulgones. ¿Es cierto?

Los jardineros ecológicos alaban las propiedades ahuyentadoras de insectos de la lavanda debido a la elevada concentración de sus aromáticos aceites esenciales. Su eficacia en ahuyentar los pulgones de los macizos de rosales dependerá, sin embargo, de varios factores:

➤ Si la plaga está muy extendida, la protección de la lavanda será insuficiente.

➤ Además, es necesario que haya una cantidad suficiente de plantas de lavanda y que se encuentren muy próximas a los rosales para que su aroma pueda resultar eficaz. Por otro lado, no se recomienda plantarlas demasiado densamente pues la lavanda procede de la región mediterránea y tiene sus particulares necesidades en cuanto al tipo de suelo y nutrientes. Cuanto más caluroso, más seco y más pobre es el suelo, más intenso es su aroma, y estas no son precisamente las condiciones ideales para el desarrollo de los rosales.

➤ En zonas más frescas y septentrionales, la cantidad de aceite esencial que emana esta planta aromática suele ser inferior a la que emana en su hábitat natural.

284. Manchas de color naranja en las hojas: **?**
En el haz de las hojas de mis rosales he descubierto numerosas manchas de color naranja tirando a óxido. ¿De qué se trata y cómo puedo remediar esto?

Las pequeñas manchas de color naranja tirando a óxido son los primeros síntomas de la roya del rosal (→ foto 2, página 220), otra enfermedad fúngica relativamente típica del rosal. Más adelante aparecen en el envés de las hojas unas pústulas que primero son amarillas y del tamaño de la cabeza de un alfiler, luego se tiñen de color marrón óxido y al final son negras. En esas pústulas maduran las nuevas esporas. La roya del rosal suele aparecer tras un tiempo fresco y húmedo.

➤ Elimine las partes afectadas lo antes posible para evitar que se puedan propagar grandes cantidades de esporas negras con la ayuda del viento.

➤ Fortalezca los rosales de forma preventiva con caldo de cola de caballo o de ajenjo (→ página 197) o con purín de helecho macho (→ página 230).

➤ Si la enfermedad no se descubre a tiempo o si está muy extendida no quedará más remedio que fumigar con un fungicida.

> **INFORMACIÓN**
>
> **Variedades de rosales resistentes a la lluvia con flor de color claro**
> 'Aachener Dom'
> (híbrido de té, flor rosa)
> 'Angela'
> (arbustivo, flor rosa)
> 'Bonica'
> (de arriate, flor rosa pálido)
> 'Centenaire de Lourdes'
> (arbustivo, flor rosa)
> 'Maxi Vita'
> (de arriate, flor rosa anaranjado)
> 'Simply'
> (tapizante, flor rosa pálido)
> 'The Fairy'
> (tapizante, flor rosa pálido)

285. **Manchas de color violeta en las hojas:** **Mis rosales injertados tienen manchas de color entre violeta y negro en el haz de las hojas y en el envés, una especie de borra blanca. ¿De qué se trata y cómo puedo remediar esto?**

Imagen típica de una planta afectada de falso mildiu, una enfermedad fúngica muy frecuente en los rosales.

La descripción de los síntomas indica que se trata de un ataque de falso mildiu (→ foto). A medida que avanza la enfermedad se caen las hojas. Esta enfermedad fúngica no suele aparecer hasta finales de verano, favorecida por el tiempo fresco y húmedo. Corte inmediatamente las partes afectadas de la planta y tírelas a la basura. Para fortalecer las hojas puede pulverizar la planta con caldo de cola de caballo o de tanaceto (→ página 197). Si esto no soluciona el problema, deberá recurrir a los fungicidas.

286. **Manchas en la corteza: Los tallos de mis rosales tienen manchas de color rojizo parduzco en muchas partes de la corteza. ¿De qué se trata? ¿Qué puedo hacer para evitarlas?**

La manchas aparecen generalmente en primavera en los tallos del año anterior. Con frecuencia están algo hundidas y a veces se aja la corteza longitudinalmente. Los tallos afectados se encogen en la parte exterior de la corteza manchada y acaban pereciendo. Los causantes de esta enfermedad, el chancro o gangrena, son unos hongos dañinos. Suelen atacar los tallos blandos todavía sin madurar, como los que se desarrollan cuando se abona en exceso.

➤ Corte inmediatamente la madera afectada.

➤ A modo preventivo, observe la madurez de los tallos. A partir del 15 de julio no abone con productos ricos en nitrógeno. En otoño abone con potasio.

➤ Si se realiza el aporcado para proteger la planta durante el invierno demasiado pronto, también aumentan las probabilidades de que el hongo afecte a la planta. No aporque los rosales hasta que no haya previsión de fuertes heladas nocturnas.

➤ En primavera elimine la cubierta de protección invernal lo antes posible y procure una buena ventilación a la planta.

287. Manchas en las hojas de color marrón oscuro: En las hojas de mis rosales aparecen manchas de color marrón oscuro a negro violáceo. Posteriormente, las hojas se vuelven amarillas y se caen. ¿Qué puedo hacer para evitarlo?

Los síntomas que describe son los típicos de la mancha negra (→ foto 1), una de las enfermedades más frecuentes del rosal. La produce un hongo. Generalmente aparece en pleno verano, preferentemente después de un tiempo húmedo.

1 *Mancha negra: es una de las enfermedades fúngicas más frecuentes. Produce unas manchas de color marrón oscuro en el haz de la hoja.*

2 *Roya del rosal: se reconoce por las pústulas que aparecen en el envés de las hojas, que inicialmente son de color naranja y marrón y luego negras.*

➤ Plante los rosales en lugares bien ventilados, donde las hojas puedan secarse rápido.

➤ Riegue solo por las mañanas temprano para que las hojas puedan secarse a lo largo del día.

➤ A partir del desarrollo de nuevos tallos aplique regularmente sustancias reforzantes, como caldo de cola de caballo o de tanaceto (→ página 197).

➤ En cuanto vea en alguna parte de la planta indicios de un ataque de hongos, elimine las partes afectadas y tírelas junto con las hojas a la basura.

➤ Si se da cuenta de los daños demasiado tarde no tendrá más remedio que tratar la planta con fungicidas. Puesto que las esporas de los hongos hibernan en los capullos y pegadas a las hojas, deberá volver a fumigar cuando broten los retoños para evitar que se infecten las hojas nuevas al año siguiente.

288. Manchas tras la lluvia: Si llueve durante algún tiempo aparecen en nuestras rosas de color rosa manchas rojas con los bordes muy acentuados y el centro marrón. ¿A qué se debe esto? ¿Tiene que ver con la lluvia?

Sí, las manchas debidas a la lluvia (→ foto) afectan en especial a las variedades de flores de colores claros, en particular las de color rosa y blanco, y algo menos a las de color amarillo. Si sale de nuevo el sol tras un periodo prolongado de lluvia aparecen estas manchas parduzcas tan feas en las flores. Resultan un fastidio pero no son perjudiciales para la flor. Si le resulta muy molesto recurra a rosales de flores más oscuras, ya que las

Las lluvias intensas seguidas de un sol resplandeciente suelen tener como consecuencia la aparición de manchas en las rosas de color claro.

rosas rojas o de color rosa carmín se ven menos afectadas por este problema. Quizás también pueda encontrar algún lugar resguardado de la lluvia en el jardín, como al lado de algún muro o debajo de un tejado, donde este fenómeno meteorológico se amortigüe un poco y las rosas de color claro puedan estar más resguardadas.

También se puede elegir una variedad de rosal de rosas de color claro (→ cuadro de información de la página 218) cuyas flores preserven todo su encanto incluso si llueve mucho.

289. Mariquitas: Me han comentado que las mariquitas son eficaces depredadoras de pulgones. ¿Es cierto?

Sí. Estos escarabajos, pero aún mucho más sus larvas, devoran ingentes cantidades de pulgones. Durante sus escasos 20 días de existencia, una de estas larvas es capaz de devorar hasta 800 de estos pequeños insectos dañinos. Las larvas de las mariquitas se reconocen fácilmente por su color azul grisáceo y sus manchas amarillas pequeñas (→ foto 3, página 193).

Si se pulveriza con insecticidas en primavera, hay que tener en cuenta que muchos de estos preparados también aniquilan a estos útiles animales.

290. Mildiu: ¿Cómo reconozco una infección por mildiu y qué puedo hacer para remediarla?

Si las puntas de los tallos, los capullos y las hojas –a veces también los pétalos– de sus rosales están cubiertos de una

Las mariquitas son insectos que despiertan simpatías, además de ser importantes depredadores de pulgones.

capa blanca y harinosa (→ foto, página 199) entonces han contraído el mildiu. Sin embargo, si el envés de las hojas está cubierto por un moho gris blanquecino de aspecto piloso y en el envés de las hojas han aparecido manchas de color negro violáceo (→ página 219), la planta tiene falso mildiu.

➤ La mejor forma de prevención es plantar rosales de variedades resistentes a estas enfermedades y buscar un emplazamiento adecuado para la planta, donde las hojas mojadas puedan secarse con rapidez.

➤ Realice regularmente podas de aclarado de las plantas y no abone en exceso con productos nitrogenados.

➤ También puede fortalecer las plantas de forma preventiva con caldo de cola de caballo o de tanaceto (→ página 197).

➤ Pode los tallos afectados y en otoño tire las hojas a la basura.

➤ Para combatir este hongo directamente solo sirve la aplicación de fungicidas convencionales.

291. Poda preventiva: Mis rosales han estado muy afectados por hongos en la última temporada. ¿Es necesario realizar una drástica poda de rebaje antes de que vuelvan a brotar para evitar un nuevo contagio?

Hay muchas esporas de hongos que efectivamente son capaces de hibernar en los capullos. Si se desea solucionar este problema mediante una poda deberá rebajarse el rosal de forma radical hasta un poco por encima del punto del injerto y posteriormente darle forma de nuevo al arbusto. Resulta obvio que un rosal no puede resistir este tipo de intervención con demasiada frecuencia. Si la afección de la pasada temporada ha sido realmente grave, existe además el riesgo de que las esporas de los hongos se encuentren también en el suelo, en las hojas caídas o en las plantas cercanas y que el rosal vuelva a infectarse. Una alternativa a una poda radical es la fumigación con fungicidas para reprimir la posible nueva infección ya en el foco y proteger de este modo los brotes nuevos. Procure usar un producto que sea respetuoso con la fauna útil.

No tema, este bonito ejemplar de cetonia dorada no producirá daños de importancia a sus rosales.

292. Prevención: ¿Existen medidas para prevenir que los rosales padezcan plagas de insectos dañinos o infecciones criptogámicas?

Prevenir siempre es mejor que curar. Esta premisa también es aplicable al cultivo de los rosales, pues la aplicación de productos fungicidas o insecticidas supone una importante agresión en el equilibrio natural del jardín. Con frecuencia la aplicación de estos productos diezma insectos útiles y tiene como consecuencia otros efectos no deseados. He aquí algunas medidas preventivas para preservar la salud de los rosales:

➤ Al realizar la compra, escoja ejemplares vigorosos, sin daños y sanos.

➤ Elija un emplazamiento adecuado que sea rico en nutrientes, soleado, ventilado y donde no se acumule el calor.

➤ Durante la temporada de crecimiento aporte a la planta los nutrientes necesarios. Hay que realizar enmiendas en cuanto se observen carencias y a la vez evitar un exceso de abonado, sobre todo de nitrógeno, pues tanto la falta como el exceso de abono hace que la planta sea más propensa a padecer enfermedades y plagas.

➤ Regar (→ página 179) siempre directamente el suelo, no regar los rosales por encima de las hojas, pues las hojas mojadas se infectan con hongos más fácilmente.

➤ Podar con premura la madera enferma, atacada o muerta.

➤ Atraer a los animales útiles (→ página 190) al jardín. Ofrezca a los pájaros, las arañas, los escarabajos y demás insectos útiles condiciones de vida atractivas y posibilidades de encontrar cobijo. De este modo podrá mantener a raya a los insectos dañinos.

➤ Pulverizar regularmente con productos fortalecedores de las plantas (→ página 230).

293. Productos fitosanitarios químicos: ¿Puedo utilizar un producto fitosanitario químico contra el mildiu en los manzanos para tratar esta enfermedad en los rosales?

No. Los productos fitoterapéuticos químicos están regulados por la UE de modo que solo pueden comercializarse y aplicarse cuando está permitido y estos permisos son exclusivos para cada especie y enfermedad. Según la ley de protección de las plantas, en el envase del producto deberá constar que se trata de un preparado especial para la aplicación en jardines particulares y huertos familiares. Puesto que la concesión de licencias es muy cara y debe ser renovada de vez en cuando, la lista de sustancias permitidas en cada momento va variando constantemente. A través de internet es posible conocer los productos con licencia vigente en cada momento en el registro de productos fitosanitarios del Ministerio de Medio Ambiente y Medio Rural y Marino, www.mapa.es. Muchos preparados solo se pueden obtener tras haber consultado a la persona encargada de suministrarlos en los comercios especializados, donde se almacenan bajo llave.

294. Protección ecológica de las plantas: No quiero aplicar productos químicos en las plantas de nuestro jardín porque tenemos niños en casa. ¿Qué puedo usar para proteger los rosales de enfermedades y plagas?

La mejor protección contra enfermedades y plagas es una buena prevención (→ página anterior).
Si la planta ya ha sido atacada, en primer lugar elimine las partes afectadas para evitar una propagación de los agresores. Los parásitos resultan fáciles de quitar de la planta ya sea de uno en uno o barriéndolos. Sin embargo, si la plaga ha avanzado demasiado puede utilizar productos ecológicos que no resultan dañinos para el ser humano, los animales domesticos ni las abejas, incluso en algunos casos son respetuosos con la fauna útil. Entre estas sustancias se encuentran las siguientes:

➤ **Caldo de ortigas:** se aplica contra los pulgones verdes, seguramente el insecto dañino más frecuente en los rosales. Se pulveriza la planta con el caldo de ortigas (→ consejo extra). Resulta eficaz cuando se observa la plaga en un estado temprano.

➤ **Aceite de nim:** se trata de un preparado eficaz contra el pulgón y otros insectos parasitarios pues influye en su sistema hormonal (→ página 190). Se produce a partir de las semillas del árbol de nim (*Azadirachta indica*) y se considera respetuoso con la fauna útil.

➤ **Aceite de parafina:** este producto limpio y no tóxico derivado del petróleo cubre los tallos con una fina película debajo de la cual perecen los insectos dañinos –pero también los útiles.

➤ **Preparados de piretrina:** la sustancia activa de estos preparados se obtiene de una especie de crisantemo, y actualmente también de forma sintética. Durante mucho tiempo se ha considerado inocua para el ser humano, pero estudios recientes han despertado la sospecha de que se trata de una sustancia cancerígena. Es un insecticida eficaz pues elimina rápidamente los insectos dañinos, pero también los útiles.

➤ **Aceite de colza:** el aceite de colza actúa del mismo modo que el de parafina, obstruyendo los órganos respiratorios de los insectos. Se aplica en forma de emulsión y es eficaz contra los animales adultos y sus huevos.

➤ **Solución de jabón potásico:** actúa contra los insectos de piel blanda, como el pulgón, aunque también afecta a las útiles larvas de la mosca cernícalo. Disuelva 300 g de jabón potásico en 10 l de agua muy caliente. Pulverice la solución fría sin diluir so-

CONSEJO EXTRA

Caldo de ortigas maceradas
Contra una plaga leve de pulgón puede pulverizarse caldo de ortigas maceradas. Para ello, cortar 500 g de ortigas frescas en trozos pequeños y dejarlas macerando en 5 l de agua durante 12-24 horas. Colar a continuación y pulverizar el caldo sin diluir sobre las plantas afectadas hasta que goteen.

bre las plantas. Resulta menos agresivo para las plantas si se utilizan sales de potasio de los ácidos grasos naturales –que se pueden conseguir en la farmacia o en los comercios de productos de jardinería– que el jabón de uso domestico.

➤ **Depredadores:** hay una cantidad considerable de depredadores de los insectos dañinos para nuestras plantas que ayudan a reducirlos de forma concreta. Por lo tanto, atraiga a su jardín todos los insectos útiles que pueda (→ página 190). Muchos de ellos también puede adquirirlos en comercios especializados.

➤ Los ácaros depredadores, por ejemplo, diezman las colonias de araña roja (arañuela).

➤ Los nematodos depredadores devoran las larvas del otiorrinco.

➤ A las larvas de las crisopas, las *Cecidomyiidae* y las icneumónidas les encantan los pulgones.

295. Puntitos blancos: Desde hace algún tiempo observo unos puntitos blancos en el haz de las hojas de mi rosal. Cuando toco las hojas salen volando pequeños bichos de color verdoso y blanco. ¿Son estos bichos los culpables de los puntos blancos?

Pues sí, estos pequeños seres alados (→ foto, página 217) se llaman cicadelas del rosal (*Typhlocyba rosae*). Colonizan el envés de las hojas, donde succionan su savia. Debido a esto aparecen los pequeños puntos blancos mencionados en el haz de las hojas (→ foto). Si la plaga es muy intensa puede

Este tipo de puntitos blancos irregularmente dispuestos sobre el haz de las hojas indica un ataque de cicadelas del rosal.

mermar el crecimiento del rosal. Las cicadelas del rosal suelen aparecer con mayor frecuencia en emplazamientos secos y calurosos.

Para obtener más información sobre las medidas para combatir esta plaga, consulte la página 208.

296. Purines vegetales: **Los jardineros que aplican prácticas ecológicas recomiendan los purines vegetales para abonar y proteger las plantas de forma natural. ¿Cuáles son los purines recomendables para los rosales y cómo se fabrican?**

Al igual que las hierbas medicinales se aplican en medicina, para alimentar y fortalecer la salud de las plantas en el jardín se pueden usar las plantas y las sustancias que contienen. Los jardineros ecológicos apuestan para ello por caldos (→ página 197), purines e infusiones (→ página 213), que pueden prepararse fácilmente con hierbas frescas cultivadas en el jardín o hierbas secas que se pueden adquirir a un precio módico en las farmacias. Se utilizan a modo de abono, como sustancia fortaleciente e incluso como insecticida y fungicida.

➤ Para la elaboración de purines vegetales use preferentemente agua de lluvia o agua corriente reposada. Prepare el caldo mezclando el líquido con las hierbas troceadas (→ consejo extra) en un recipiente de madera, plástico o gres. No use recipientes metálicos pues en ellos se pueden producir reacciones químicas no deseadas.

➤ Tras dos o tres días estará listo el purín fresco y en fer-

Esta coloración con forma de mosaico en las hojas muestra claramente el ataque de un virus.

mentación para su uso como ahuyentador de insectos; se podrán pulverizar las plantas afectadas con el purín diluido en una proporción de 1:50.

➤ Si se macera durante más tiempo continúa la fermentación. Los olores desagradables que se producen pueden reducirse añadiendo en la superficie polvos de áridos. Cuando el purín deje de formar espuma habrá terminado de fermentar y estará listo tras pasarlo por un colador. Puede aplicarse, según la hierba macerada, para fortalecer las plantas, como insecticida y fungicida o como abono.

➤ **Purín de consuelda:** la consuelda (*Symphytum officinale*) contiene muchas proteínas, nitrógeno, potasio, minerales y oligoelementos. El purín de consuelda se aplica como abono y para combatir los insectos dañinos.

➤ **Purín de ortiga:** el purín fresco de ortiga, diluido con agua al 1:50, se pulveriza para combatir los pulgones y la araña roja. El purín fermentado se rebaja a 1:10. Supone un excelente abono rico en nitrógeno, que se vierte directamente en el terreno sobre las raíces.

➤ **Purín de helecho:** el purín de helecho macho se prepara con helecho macho (*Dryopteris filix-mas*) o con helecho común (*Pteridium aquilinium*). Ambas plantas tienen un alto contenido en potasio. El purín puede aplicarse sin diluir pulverizándolo en invierno contra los pulgones, la cochinilla y el pulgón lanígero. También previene la infección por roya del rosal. El purín puro de helecho águila diluido

CONSEJO EXTRA

Receta para la elaboración de purines vegetales
Los purines de plantas siempre se preparan con agua fría. Al contrario que los caldos, no se hierven.
La dosis indicada es de 1 kg de hierbas frescas por 10 l de agua. Se deja macerar en un recipiente cubierto pero con ventilación dispuesto en un lugar soleado. Se deberá remover una vez al día para que la mezcla reciba suficiente oxígeno. Tras dos o tres días se podrá usar el purín fresco. Pasados 10-14 días, el purín habrá fermentado y estará maduro.

al 1:10 se pulveriza en primavera para prevenir los pulgones. Más adelante puede aplicarse sin diluir directamente sobre el terreno, pues de este modo mantiene alejados a los caracoles.

297. Reforzar las defensas de los rosales: ¿De qué modo y con qué medios puedo aumentar las defensas de mis rosales?

Para empezar, contribuye a aumentar las defensas de un rosal la elección adecuada de su emplazamiento, el aporte correcto de nutrientes, proporcionarle los cuidados necesarios y realizar algunas tareas preventivas (→ página 224). Además, es posible estimular las defensas de la planta mediante la aplicación de productos fortalecedores vegetales (→ pregunta siguiente). Estos productos refuerzan los tejidos de las plantas ya que hacen más resistente la superficie de las hojas a los ataques de los insectos dañinos. De la jardinería ecológica se conocen muchos tipos de decocciones (→ página 197), purines vegetales (→ página 228) e infusiones (→ página 213). Los comercios de suministros para jardinería también suelen ofrecer productos a base de sustancias activas naturales, como extractos de algas, aminoácidos, proteínas y oligoelementos que no contienen sustancias tóxicas.

298. Sustancias fortalecedoras: ¿De qué están compuestas las sustancias fortalecedoras? ¿Realmente protegen contra enfermedades a las plantas?

Las sustancias fortalecedoras están constituidas por sustancias naturales no tóxicas que aumentan la resistencia de los rosales a las enfermedades fúngicas y los insectos dañinos. Forman parte de estas sustancias, por ejemplo, los caldos (→ página 197), los purines vegetales (→ página 228) y las infusiones (→ página 213), y usted mismo puede elaborarlas con plantas y agua. El beneficio que se obtiene es el fortalecimiento de las plantas. Los tejidos y las paredes celulares se hacen más resistentes y resultan más impenetrables para los agentes patógenos. Se estimula el metabolismo celular de las plantas y se aumenta su vitalidad.

Las sustancias fortalecedoras se aplican generalmente pulverizando las hojas. Actúan a modo de abono suave para las hojas a la vez que ahuyentan a los insectos. Si no puede o no desea elaborar usted mismo estas sustancias fortalecedoras puede obtener en los comercios especializados preparados listos para usar que también contienen sustancias activas naturales, como extractos de algas, aminoácidos, proteínas y oligoelementos.

Para obtener beneficios notables hay que realizar aplicaciones de forma periódica, aproximadamente cada 10-14 días. Se inician en primavera en el momento en que las plantas empiezan a brotar.

299. Tallos marrones: Esta primavera muchos de los tallos que han brotado de mis rosales se han puesto de color marrón y han muerto. ¿A qué se debe esto?

?

La madera que ha cambiado de color ha sufrido daños por heladas. La madera joven tiene la corteza lisa y verde.

Quite los tallos dañados antes de que se abran los capullos que han quedado cortando por donde la madera esté sana –compruebe que la médula esté blanca.

En este caso las heladas han dejado mella. Si las temperaturas son muy bajas, los tallos terrestres perecen y se tornan marrones.

300. Tallos muertos: Los ápices de los tallos de nuestro rosal 'Frühlingsgold' empezaron a marchitarse y ahora se mueren los tallos enteros. ¿Cuál es el motivo y cómo puede combatirse este problema?

Los síntomas descritos indican que se trata de la enfermedad de Valsa. El agente patógeno es un hongo y afecta principalmente a las variedades de rosal de floración temprana así como a la *Rosa hugonis*. En el peor de los casos puede perecer toda la planta. Elimine los tallos enfermos cuanto antes. Compruebe que no deja tallos afectados cuando realice la poda anual. Las forsitias y especies de frutales de hueso cercanos propician la aparición de este mal.

301. Tallos secos: Los tallos de mi rosal arbustivo se mustian y secan. Además, he encontrado unos agujeros en los tallos. ¿Qué insecto dañino ha anidado en el tallo?

El aspecto de los daños solo hace sospechar de un ataque de larva barrenadora de la avispa de las hojas. Estas larvas se alimentan de la médula de los tallos jóvenes y abandonan con frecuencia el tallo por encima de una estípula o debajo de un aguijón (→ foto página siguiente).
Corte los tallos afectados lo antes posible y tírelos a la basura. De este modo podrá controlar la propagación de la plaga.

302. Telarañas blancas: Algunas hojas y capullos de mi rosal están cubiertos por una telaraña fina y blanca. ¿Qué la produce?

Hay dos candidatos posibles:
➤ **Araña roja:** la araña roja (→ foto 4, página 215) cubre el envés de las hojas con una fina telaraña cuando coloniza en gran número la planta. En el haz de las hojas aparecen en

primer lugar unos puntitos amarillos, más adelante la hoja se vuelve marrón y se cae prematuramente.

Para obtener información sobre las medidas para combatir esta enfermedad consultar la página 223.

➤ **Polilla del rosal:** las orugas de esta polilla del rosal (*Phalaena rosana*) producen daños en los capullos, los tallos y las hojas jóvenes en primavera. En los ápices de los tallos se puede observar una o más hojas enrolladas y unidas entre sí por

Si se marchita un tallo joven y encuentra además un taladro de este tipo, las responsables son las larvas barrenadoras.

una telaraña. Se trata de las larvas que han formado sus capullos para pasar su fase de pupa. En cuanto vea estos tejidos y las larvas elimínelos sin demora.

303. Trips: **¿Cuáles son los síntomas de un ataque de trips y qué puede hacerse contra este insecto dañino?**

En los rosales, los trips suelen disponerse en los capullos justo antes de que se abran, pero también atacan las hojas y las puntas de los tallos. Los pétalos externos reaccionan tiñéndose de color marrón y marchitándose. En el haz de las hojas se forman unas celdas de color plateado claro, llenas de aire por las succiones sufridas por los trips. A estos insectos les gusta juntarse en grupos en el envés de las hojas, cerca de las nervaduras. Miden 1-2 mm y pueden ser de color claro, negro o con rayas transversales (→ foto página siguiente). Ante la proximidad de intrusos reaccionan dando saltos. Los trips suelen aparecer sobre todo en emplazamientos secos y calurosos.

Entre sus enemigos naturales se encuentran las larvas de las crisopas, las mariquitas, las moscas cernícalo, los ácaros depredadores y las arañas. Además, pueden combatirse con infusión de ajo (→ página 213), purín de ortiga (→ página 229), solución de jabón potásico (→ página 226) o aceite de nim (→ página 190).

304. Variedades resistentes a los hongos: **?**
Nuestros rosales padecen con mucha frecuencia el ataque de hongos. ¿No existen variedades de rosales resistentes a los hongos?

Una variedad que sea completamente resistente al ataque de hongos no existe. Desde hace algunos años los cultivadores de rosales se están concentrando más en obtener cultivares con una salud fuerte. Ahora prima conseguir que las hojas del rosal sean lo más resistentes posibles a las esporas de los hongos, pues hasta ahora se había dejado de lado este aspecto en detrimento del desarrollo de ciertas características de las flores. Por ello el rosal ha tenido fama de ser una planta caprichosa, muy sensible y que requiere muchos cuidados. La garantía ADR (→ página 59) supone actualmente una gran ayuda para orientarse en el mundo de la rosa, pues este sello de calidad solo lo obtienen aquellas variedades de rosal que han superado las pruebas más exigentes a las que se somete a los rosales en todo el mundo y que incluyen la salud de las hojas del rosal como uno de los criterios fundamentales de valoración. Sin embargo, si la plaga es demasiado intensa, cualquier variedad puede enfermar. El riesgo de que un rosal se vea afectado

Los pequeños y estrechos trips producen un encogimiento de las flores y manchas de color gris plateado en las hojas.

por una plaga o una enfermedad existe siempre si se dan ciertas circunstancias, como la presencia cercana de plantas afectadas, unas condiciones meteorológicas adversas, un emplazamiento inadecuado o una mala nutrición. La resistencia a las plagas y enfermedades es pues una característica muy relativa. Solo puede afirmarse que en circunstancias desfavorables similares ciertas variedades resisten durante más tiempo el ataque del agente dañino que otras.

En esta planta se ha extendido el moho gris. Corte inmediatamente las flores y tírelas a la basura normal.

305. Velo gris: **Los capullos y las puntas de los tallos de mi rosal injertado están cubiertos por un velo gris. ¿De qué se trata? ¿Cómo puedo atajar esto?**

Los daños que describe se deben a que la planta padece moho gris o botritis al haber sido invadida por un hongo denominado *Botrytis*. Esto tiene como consecuencia que con el tiempo se secan los capullos y luego se caen. Con frecuencia se observa en la parte externa de los pétalos pústulas rojas. El foco de infección suele ser una herida. Las temperaturas bajas y un alto índice de humedad en el ambiente favorecen su propagación. La medida más adecuada de prevención es plantar el rosal en un emplazamiento ventilado. Corte las flores marchitas de forma regular, sobre todo durante largas temporadas de lluvias. Si la planta se ve afectada por este hongo hay que cortar inmediatamente las partes dañadas para intentar evitar su propagación.

ROSAS BLANCAS

NOMBRE DE LA VARIEDAD	PORTE	ALTURA
'Alabaster'	Rosal de arriate	60-90 cm
'Alba Meidiland'	Rosal tapizante	60-70 cm
'Aspirin'	Rosal de arriate/tapizante	50-70 cm
'Blanche Moreau'	Rosal antiguo	100-150 cm
'Diamant'	Rosal de arriate	50-60 cm
'Elfe'	Rosal trepador	250-300 cm
'Glamis Castle'	Rosal inglés	80-100 cm
'Honey Milk'	Rosal enano	40-50 cm
'Ilse Krohn Superior'	Rosal trepador	200-300 cm
'Memoire'	Híbrido de té	60-80 cm
'Nemo'	Rosal tapizante	60-90 cm
'Venusta Pendula'	Rosal sarmentoso	500-600 cm

RITMO DE FLORACIÓN	AROMA	PECULIARIDADES
recurrente	–	Doble muy llena, porte frondoso.
recurrente	–	Doble muy llena, robusta.
recurrente	–	ADR, de color rosa cuando hace fresco.
única	intenso, especiado	Doble muy llena, plantar en lugar ventilado.
recurrente	–	ADR, doble semillena.
recurrente	agradable	Flor de color blanco verdoso, doble muy llena de aspecto nostálgico.
recurrente	a mirra	Doble muy llena, crecimiento compacto.
recurrente	–	Agradece algo de protección contra el viento.
recurrente	agradable	Flor similar a la del Híbrido de té, resistente a las heladas.
recurrente	a rosa de té	Follaje de tono muy oscuro, crecimiento estrecho.
recurrente	–	ADR, doble semillena.
única	–	Trepa por los árboles, planta muy resistente a las heladas.

ROSAS AMARILLAS

NOMBRE DE LA VARIEDAD	PORTE	ALTURA
'Berolina'	Híbrido de té	100-130 cm
'Candlelight'	Híbrido de té	80-100 cm
'Cappuccino'	Híbrido de té	50-70 cm
'Friesia'	Rosal de arriate	50-70 cm
'Ghislaine de Feligonde'	Rosal arbustivo/trepador	200-250 cm
'Golden Gate'	Rosal trepador	200-250 cm
'Goldjuwel'	Rosal enano	40-50 cm
'Graham Thomas'	Rosal inglés	120-150 cm
'Loredo'	Rosal de arriate/tapizante	60-70 cm
'Sedana'	Rosal tapizante	60-70 cm
'The Pilgrim'	Rosal inglés	120-150 cm
'Yellow Romantica'	Rosal arbustivo	120-150 cm

RITMO DE FLORACIÓN	AROMA	PECULIARIDADES
recurrente	–	ADR, flor grande, con un halo rojo.
recurrente	intenso	Doble muy llena de aspecto nostálgico, adecuada como flor de corte.
recurrente	–	Doble muy llena, estupendo rosal de pie.
recurrente	intenso	Planta resistente, tolera los suelos pobres.
recurrente	–	El color cambia de blanco a melocotón.
recurrente	–	ADR, vital y resistente.
recurrente	–	Flor de larga duración.
recurrente	–	Prospera también a la semisombra.
recurrente	–	ADR, estupendo rosal cubresuelo.
recurrente	–	Doble semillena, robusta.
recurrente	–	Doble muy llena, de aspecto delicado.
recurrente	–	Doble muy llena, de aire romántico.

ROSAS DE COLOR MELOCOTÓN Y NARANJA

NOMBRE DE LA VARIEDAD	PORTE	ALTURA
'Albrecht Dürer'	Híbrido de té	70-90 cm
'Alchymist'	Rosal trepador	200-350 cm
'Apricot Parfait'	Rosal inglés	100-120 cm
'Barock'	Rosal trepador	250-300 cm
'Caramella'	Rosal arbustivo	100-120 cm
'Crown Princess Margerita'	Rosal inglés	130-150 cm
'Cubana'	Rosal tapizante	50-60 cm
'Fairest Cape'	Híbrido de té	70-90 cm
'Gebrüder Grimm'	Rosal de arriate	70-100 cm
'Pat Austin'	Rosal inglés	100-120 cm
'Vinesse'	Rosal de arriate	50-60 cm

RITMO DE FLORACIÓN	AROMA	PECULIARIDADES
recurrente	intenso	Color naranja melocotón-fucsia, aspecto nostálgico.
única	intenso	Color amarillo-naranja hasta melocotón, aspecto nostálgico.
recurrente	muy intenso, afrutado	Color melocotón pastel, sinónimo 'Evelyn'.
recurrente	dulce, acre	Color melocotón-amarillo, aspecto nostálgico.
recurrente	–	Color amarillo-naranja, flor doble muy llena de aspecto nostálgico.
recurrente	afrutado intenso	Melocotón-rosa, planta robusta.
recurrente	–	Melocotón-rosa, tan ancha como alta.
recurrente	agradable	Interior naranja amarillento, exterior rosa.
recurrente	–	ADR, naranja con motas amarillas.
recurrente	intenso, a rosa de té	Color brillante cobre-naranja, flor acopada.
recurrente	–	ADR, primero naranja-rosa, más adelante amarillo-naranja.

ROSAS ROJAS

NOMBRE DE LA VARIEDAD	PORTE	ALTURA
'Black Magic'	Híbrido de té	80-100 cm
'Burghausen'	Rosal arbustivo	150-200 cm
'Duftzauber'	Híbrido de té	60-80 cm
'Erotika'	Híbrido de té	100-120 cm
'Kronjuwel'	Rosal de macizo	60-80 cm
'La Sevillana'	Rosal tapizante	60-80 cm
'L.D. Braithewaite'	Rosal inglés	100-120 cm
'Maidy'	Rosal enano	30-40 cm
'Sommerabend'	Rosal tapizante	30-40 cm
'Sympathie'	Rosal trepador	200-400 cm
'Triade'	Rosal arbustivo	120-150 cm

RITMO DE FLORACIÓN	AROMA	PECULIARIDADES
recurrente	–	Rojo oscuro aterciopelado, follaje oscuro.
recurrente	–	ADR, rojo claro, planta resistente a las heladas, vital.
recurrente	–	Rojo oscuro aterciopelado.
recurrente	–	Rojo oscuro, planta resistente a las heladas.
recurrente	–	ADR, doble semillena, resistente al calor.
recurrente	–	ADR, rojo sangre, planta robusta.
recurrente	–	Rojo brillante, flor doble muy llena.
recurrente	–	Rojo sangre, flores de larga duración.
recurrente	–	ADR, flor simple, rosal cubresuelo.
recurrente	–	ADR, rojo aterciopelado, resistente a las inclemencias del tiempo.
recurrente	–	ADR, rojo brillante, resistente al calor y la lluvia.

ROSAS DE COLOR ROSA CLARO

NOMBRE DE LA VARIEDAD	PORTE	ALTURA
'Bad Birnbach'	Rosal de arriate	40-50 cm
'Bingo Meidiland'	Rosal tapizante	50-80 cm
'Bonica'	Rosal de arriate/tapizante	60-80 cm
'Brother Cadfael'	Rosal inglés	100-120 cm
'Compassion'	Rosal trepador	200-300 cm
'Dortmunder Kaiserhain'	Rosal arbustivo	90-120 cm
'Frederic Mistral'	Híbrido de té	70-90 cm
'Heideröslein Nozomi'	Rosal tapizante	30-50 cm
'History'	Híbrido de té	50-80 cm
'Jacques Cartier'	Rosal antiguo	120-150 cm
'Kir Royal'	Rosal trepador	200-300 cm
'Königin von Dänemark'	Rosal antiguo	130-180 cm

RITMO DE FLORACIÓN	AROMA	PECULIARIDADES
recurrente	–	ADR, también adecuada para cultivar en maceta.
recurrente	–	ADR, resistente a la lluvia, el calor y las heladas.
recurrente	–	ADR, rosal muy robusto y polivalente.
recurrente	intenso	Flores enormes similares a las de la peonia.
recurrente	intenso	ADR, rosal robusto y resistente a las heladas.
recurrente	–	Robusto, adecuado como cubridor de suelos.
recurrente	intenso	Flor doble muy llena, plantar en lugar bien ventilado.
única	–	Porte bajo, cubridor de suelo, rastrero.
recurrente	–	Flor doble muy llena, también adecuada para cultivo en maceta.
remontante	intenso	Flor doble muy llena, cuarteada, planta robusta.
remontante	–	ADR, flor doble muy llena, moteada.
única	intenso	Flor doble muy llena, cuarteada, muy resistente a las heladas.

ROSAS DE COLOR ROSA CLARO (CONTINUACIÓN)

NOMBRE DE LA VARIEDAD	PORTE	ALTURA
'Maiden's Blush'	Rosal antiguo	120-180 cm
'Mariatheresia'	Rosal de arriate	70-90 cm
'Mary Rose'	Rosal inglés	120-150 cm
'Mrs. John Laing'	Rosal antiguo	150-200 cm
'Raubritter'	Rosal arbustivo/trepador	200-300 cm
'Rosenfee'	Rosal de arriate	60-80 cm
'Rosmarin 89'	Rosal enano	20-30 cm
'Saremo'	Rosal arbustivo	100-120 cm
'Simply'	Rosal tapizante	80-100 cm
'Souvenir de la Malmaison'	Rosal antiguo	60-80 cm
'Sugar Baby'	Rosal enano	30-50 cm
'The Fairy'	Rosal tapizante/ de arriate	50-70 cm
'The Queen Elizabeth Rose'	Híbrido de té	100-150 cm

RITMO DE FLORACIÓN	AROMA	PECULIARIDADES
única	dulce e intenso	Flor doble muy llena, se adapta a la semisombra y resistente a las heladas.
recurrente	delicado	Flor doble muy llena de aspecto nostálgico, hojas de tono oscuro.
recurrente	dulce e intenso	Flor doble moderadamente llena, pétalos fruncidos.
remontante	intenso	Flor doble moderadamente llena, casi sin aguijones.
única	delicado	Flor globular, doble, muy llena.
recurrente	intenso	Flor doble muy llena, de aire nostálgico, planta saludable.
recurrente	–	Rosal adecuado para macetas y jardines.
recurrente	–	Flor doble muy llena, resiste la lluvia y el calor.
recurrente	–	ADR, muy resistente a la lluvia, también idónea para cultivo en macetón.
recurrente	intenso a rosa de té	Flor doble muy llena, cuarteada, también idóneo como rosal de arriate.
recurrente	–	Rosal adecuado para cultivo en macetón y jardines.
recurrente	–	Tolera la semisombra, resistente a la lluvia y el calor.
recurrente	–	Porte bajo, resistente a las heladas.

ROSAS DE COLOR ROSA CARMÍN, ROSA PÚRPURA Y VIOLETA

NOMBRE DE LA VARIEDAD	PORTE	ALTURA
'Ascot'	Híbrido de té	60-80 cm
'Bad Wörishofen'	Rosal de arriate	50-70 cm
'Big Purple'	Híbrido de té	80-100 cm
'Cardinal de Richelieu'	Rosal antiguo	120-150 cm
'Chartreuse de Parme'	Rosal arbustivo	80-100 cm
'Criollo'	Rosal de arriate	40-50 cm
'Heidetraum'	Rosal tapizante	60-80 cm
'Heidi Klum'	Rosal de arriate/rosal enano	40-50 cm
'Isphahan'	Rosal antiguo	120-150 cm
'Knirps'	Rosal tapizante	25-35 cm

RITMO DE FLORACIÓN	AROMA	PECULIARIDADES
recurrente	delicado	Violeta púrpura, flor doble muy llena, de aire nostálgico.
recurrente	–	ADR, rosa carmín, planta muy robusta y saludable.
recurrente	intenso	Magenta-lila, flor doble moderadamente llena, de aire nostálgico.
única	intenso	Violeta púrpura, aterciopelada, emplazamiento no demasiado soleado.
recurrente	afrutado intenso	Magenta-lila, flor doble muy llena de aire nostálgico.
recurrente	–	Rosa carmín, flor semidoble, planta robusta.
recurrente	–	Adr, rosa carmín, semidoble, muy robusta.
recurrente	intenso	Magenta-violeta, doble, muy llena, de aire nostálgico.
única	intenso	Rosa oscuro, flor doble muy llena, aspecto sedoso.
recurrente	–	ADR, rosa oscuro, flor doble muy llena, rosal ideal como cubridor de suelo.

ROSAS DE COLOR ROSA CARMÍN, ROSA PÚRPURA Y VIOLETA (CONTINUACIÓN)

NOMBRE DE LA VARIEDAD	PORTE	ALTURA
'Laguna'	Rosal trepador	200-300 cm
'Lavender Dream'	Rosal tapizante/de arriate	60-80 cm
'Madame Isaac Pereire'	Rosal antiguo	150-200 cm
'Medusa'	Rosal tapizante	0-80 cm
'Morning Jewel'	Rosal trepador	200-300 cm
'Palmengarten Frankfurt'	Rosal tapizante	60-80 cm
'Pink Swany'	Rosal tapizante	50-70 cm
'Purple Meidiland'	Rosal de arriate	40-60 cm
'Reine des Violettes'	Rosal antiguo	120-150 cm
'Rhapsody in Blue'	Rosal de arriate	100-120 cm
'Roxy'	Rosal enano	30-40 cm
'Super Dorothy'	Rosal sarmentoso	200-300 cm

RITMO DE FLORACIÓN	AROMA	PECULIARIDADES
recurrente	intenso	Rosa, flor doble muy llena, de aire nostálgico, planta robusta.
recurrente	agradable	ADR, color lavanda, semidoble.
remontante	intenso	Rosa carmín-magenta, flor doble muy llena, cuarteada.
recurrente	–	ADR, rosa oscuro, resistente al calor.
recurrente	agradable	ADR, rosa carmín, semidoble.
recurrente	–	ADR, rosa carmín, rosal adecuado para climas muy fríos.
recurrente	–	ADR, rosa carmín, flor doble muy llena, cuarteada.
recurrente	–	ADR, magenta, planta muy robusta y resistente a las heladas.
remontante	similar al de las lilas	Violeta púrpura, flor doble muy llena, cuarteada.
recurrente	suave	Violeta (rosa más azul), semidoble.
recurrente	–	Rosa-violeta, doble, muy llena.
recurrente	–	Rosa oscuro, también disponible como rosal de cascada.

Direcciones útiles

www.universalplantas.es
INFORMACIÓN@universalplantas.es
C.N. III Madrid-Valencia
Salida 326
46370 Chiva
Tel.. 96 2525 1287

Cortijo Castellanos S/N
www.interbook.net/personal/rosasevilla

www.mercarflor.com

www.rosell-vega.com/rosas.html

http://www.rosesguillot.com/roses/

http://www.rosebarni.it/,

www.viversdemoleto.com

Rosales Kordes
Rosas-EsKord, Hortech Asesoría Agrícola, S.L.,
Alejandro Hernández, Partida Masos, Pol. 33,3,
Ap.Correos 265, E-43850 Cambrils (Tarragona)
Tel.: ++34-977 79 52 81 ++34-666-561272
Fax: ++34-977 79 52 81
E-mail: rosaseskord@telefonica.net

Indicaciones importantes

➤ Lleve guantes siempre que trabaje con tijeras o sierras.
➤ No trabaje con herramientas para cortar oxidadas y romas, prevendrá así posibles accidentes.
➤ Si se lesiona durante las tareas vaya inmediatamente al médico. Quizás sea necesario que se vacune contra el tétano.
➤ Almacene los abonos, los fitosanitarios y las herramientas lejos del alcance de niños y animales domesticos.
➤ Mantenga a los niños alejados durante los trabajos de poda.

Relación de fotografías

Fotógrafos

Angermayer: 193/2; **Austin:** 25/6; **Baumjohann:** 120, 214/5, 200; **Beck:** 8, 12/3, 89, 134, 151/3, 151/4, 151/6, 205/1, 205/2, 205/3; **Bieker:** 97; **BKN:** 92; **Borstell:** 5, 29/1, 29/5, 24/1, 25/1, 36 izq., 12/1, 67/2, 60/1, 55, 129, 124/4, 150/4, 150/5, 151/5, 205/4, 214/1; **Bund Deutscher Baumschulen:** 62; **Gemke:** 173/1, 173/2; **Getty-Images:** Cubierta; **Hecker:** 224; **Henseler:** 220 sup., 214/3, 233; **Hielscher:** 71/4, 150/3, 204/3, 204/6; **Himmelhuber:** 120 inf.; **Ifa:** 2; **Janicek:** 174/1, 174/2; **Keim:** 24/2, 61/4, 82/2; **Kordes:** 71/1, 71/2, 71/5, 125/1, 150/1, 150/7, 204/5; **Kuttig:** 198, 209, 204, 205, 217, 196, 193/3, 193/5, 221, 214/4, 213; **Meile:** 151/7; **Nickig:** 29/4, 24/3, 24/4, 24/5, 25/2, 25/5, 17 drcha., 36 drcha., 67/1, 67/3, 73, 85, 125/3, 151/2, 173/3; **Pforr:** 24/6, 17 izq., 82/1, 210, 202, 234, 227; **Redeleit:** 49, 116/2, 116/3, 121/1, 121/2, 121/3, 121/4, 109, 126, 95, 164 , 180, 159, 140, 170, 158, 173/1, 173/2; **Reinhard:** 29/2, 29/3, 24/7, 25/4, 12/2, 61/1, 79, 124/2, 125/4; **Rutkies:** 193/4; **Sachse:** 189, 212, 222, 214/2; 228; **Sammer:** 14; **Schaefer: Schick:** 26; **Schneider-Will:** 7, 25/3, 37, 61/3, 116/1, 124/1, 124/3, 138/1, 138/2, 138/3, 138/4, 150/2, 156, 160/1, 160/2, 160/3, 160/4, 187, 175, 149/1, 149/2, 231, 205/6; **Seidl:** 60/3, 60/4, 125/2, 150/6, 151/1, 204/1; **Stork:** 98; **Strauß:** 44, 60/2, 141, 146, 188, 219, 204/2, 199, contracubierta inf., 135; **Strauß/GBA:** 152/1, 152/2, 152/3, 193/1; **Timmermann:** 25/7, 50, 51, 61/2, 77, 112, 205/5, contracubierta centro; **Waldhäusl:** 9, 88, contracubierta sup.

Jefe de redacción: Michael Eppinger

Revisión: Sonnhild Bischoff

Redacción gráfica: Daniela Laußer

Diseño de cubierta y maquetación: Cordula Schaaf

Producción: Susanne Mühldorfer

Composición: Cordula Schaaf

Título original: *300 Fragen zu Rosen*

Traducción: Nicole Pardo

Revisión técnica y adaptación: Mario Rodríguez Rivero

G|U © Gräfe und Unzer Verlag GmbH, München
y EDITORIAL EVEREST, S. A.
Carretera León-La Coruña, km 5 - LEÓN
ISBN: 978-84-441-2048-5
Depósito Legal: LE: 18-2010
Printed in Spain - Impreso en España

EDITORIAL EVERGRÁFICAS, S. L.
Carretera León-La Coruña, km 5
LEÓN (ESPAÑA)

www.everest.es
Atención al cliente: 902 123 400